职场进阶

职业生涯规划与面试宝典

刘佳 何芗 / 著

清华大学出版社
北京

内 容 简 介

职业生涯规划和面试是一个人走向工作岗位乃至成长发展必须经历的过程。本书包括两部分内容：第一部分由"90后"生涯规划师，从专业角度讲解一个人该如何做好个人生涯规划；第二部分由"80后"人力资源专家，从面试的各个环节，讲解入职者应对面试的方法和技巧，以便顺利找到好工作。

本书封面贴有清华大学出版社防伪标签，无标签者不得销售。
版权所有，侵权必究。举报：010-62782989，beiqinquan@tup.tsinghua.edu.cn。

图书在版编目（CIP）数据

职场进阶：职业生涯规划与面试宝典 / 刘佳，何芗著. —北京：清华大学出版社，2021.3（2023.10重印）
　ISBN 978-7-302-57476-7

Ⅰ．①职… Ⅱ．①刘… ②何… Ⅲ．①职业选择—通俗读物 Ⅳ．① C913.2-49

中国版本图书馆 CIP 数据核字（2021）第 021478 号

责任编辑：李俊颖
封面设计：刘　超
版式设计：文森时代
责任校对：马军令
责任印制：宋　林

出版发行：清华大学出版社
　　　　网　　址：http://www.tup.com.cn，http://www.wqbook.com
　　　　地　　址：北京清华大学学研大厦A座　　邮　　编：100084
　　　　社 总 机：010-83470000　　　　　　　　邮　　购：010-62786544
　　　　投稿与读者服务：010-62776969，c-service@tup.tsinghua.edu.cn
　　　　质量反馈：010-62772015，zhiliang@tup.tsinghua.edu.cn
印　装　者：涿州市般润文化传播有限公司
经　　　销：全国新华书店
开　　　本：170mm×240mm　　　印　张：16.5　　　字　数：151千字
版　　　次：2021年5月第1版　　　印　次：2023年10月第3次印刷
定　　　价：69.00元

产品编号：089033-01

前言

2019年6月,清华大学出版社出版了我的《职场进阶:这些事儿没有人告诉你》一书,这是我在清华大学出版社出版的第一本书,也是我个人出版的第四本书(前三本分别是《猎头笔记》《猎战:猎头总监非常道》《非你不可》)。2020年年初,在新冠疫情肆虐期间,在家办公的我和何芗老师有了更多的写作时间,于是我们就完成了这本《职场进阶:职业生涯规划与面试宝典》(以下简称《职场进阶》)的编写。

《职场进阶》是我和何芗老师结合自身多年的人力资源从业经历和经验总结提炼出来的,希望对读者朋友有所帮助。本书中,职业生涯规划部分是何芗老师写的,面试宝典部分是我写的。这两部分的内容相辅相成,相得益彰。身在职场,我们经常会犯的一个错误,就是没有清晰地规划自己的职业生涯，盲目、盲从、盲干，随波逐流。其实，无论是生活还是工作，都要做好规划，只有规划好了，你的一切才会井井有条，办事效率才会大幅度提高；有规划才有计划，有计划才有方向，有方向才有目标，有目标才会为之努力、奋斗；做好职业规划后，可以更深刻地了解"居安思危"的必要性以及"忧患意识"的预见性，从而更加从容地面对职场的风云变幻，降低职场风险。不难理解，给自己的职业生涯做好规划是多么的重要。

当我们做好规划后，下一步就应该直面职场，去迎接新的挑战。而直面职场的首要准备又是什么呢？毫无疑问，肯定是面试，是一场做好充分准备的面试。所以，从职业生涯规划到应聘面试，这两者都是至关重要的。

身在职场，我们要不断地学习，不断地更新和优化自己的知识结构，开阔自己的眼界。只有这样，我们才能更加游刃有余，才会让工作和生活变得更有意义，更有价值。

上篇　职业生涯规划

第一章
完美的职业生涯规划是活出自我 / 3

第一份兼职，重塑了我的工作态度 / 4
不喜欢自己的工作，除了辞职你还有没有别的选择 / 8
追随内心，它会给你带来不一样的养分 / 14
恢复和提升能量，找回生命原动力 / 19
从不放弃探索自我，才有可能真正活出自我 / 24
击穿迷茫，找到原始根源 / 34

第二章
避免中年危机，提前做好职业规划 / 41

构建你10年后的理想蓝图 / 42

你到底适合什么类型的职业 / 51

不知道自己喜欢什么，怎么办 / 64

喜欢的事情太多，从哪里切入 / 74

成为积极的完美主义者，踏出第一步最重要 / 86

找到痛苦背后隐藏的人生使命 / 95

第三章
打造个人品牌，以喜欢做的事情谋生 / 107

顺应趋势，实现你的个人价值 / 108

如何表达自我，才更能打动人心 / 116

如何找到自己的细分定位 / 125

如何策划自己专属的个人发展路径 / 134

在工作中升级打怪，练习梦想 / 142

如何选择适合自己的职业和平台 / 149

下篇 面试宝典

第四章
面试前的准备 / 157

如何写一份简约但不简单的简历 / 158

简历的正确投递知识你知道吗 / 161

接到面试邀约电话时你应该做些什么 / 166

查询准确的出行线路，详尽了解公司及岗位信息 / 171

你应该知道的面试着装和礼仪 / 176

第五章
面试进行时 / 183

如何做立体化的自我介绍 / 184

面试官必问的 10 个问题 / 189

第六章
面试结束该做些什么 / 219

如何进行薪酬谈判 / 220

如何回答"你还有什么问题要问我吗？"这个问题 / 223

面试官的哪些举动暗示着你可能通过了面试 / 226

第七章
职场生存法则案例 / 229

案例一：发现平级同事的工资比我高，怎么办 / 230

案例二：事出突然，越级汇报后，如何补救 / 232

案例三：如何与城府深的同事相处 / 235

案例四：如何与经常爱占小便宜的同事相处 / 238

案例五：领导不信任自己，是选择离职还是忍气吞声 / 241

案例六：离职后，删除前领导的微信有错吗 / 243

案例七：劝你离职的同事，为何自己不走人 / 245

案例八：得罪了领导，该怎么办 / 247

案例九：职场暗器，你中镖了吗 / 248

案例十：跟着领导一起跳槽对吗 / 252

上篇

职业生涯规划

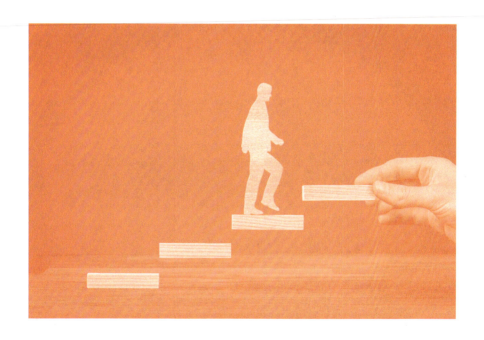

第一章　完美的职业生涯规划是活出自我

※　第一份兼职,重塑了我的工作态度

※　不喜欢自己的工作,除了辞职你还有没有别的选择

※　追随内心,它会给你带来不一样的养分

※　恢复和提升能量,找回生命原动力

※　从不放弃探索自我,才有可能真正活出自我

※　击穿迷茫,找到原始根源

第一份兼职，重塑了我的工作态度

1. 做一件小事的态度，也是做其他事的态度

2009年我刚上大学，为了减轻父母的经济负担，我就想着要做一份兼职，一来可以锻炼自己，二来也可以赚些生活费。

有一天，看到宿舍里有份外卖单，上面写着招收送外卖员的兼职信息，于是我打电话给老板娘，电话里她通知我去店里面试，我赶紧收拾了一下就去了那家店，记得老板娘当时从头到脚打量了我一番，看着我柔弱和瘦小的身材，她有点儿怀疑地问我："你真的确定要做这份兼职吗？会比较辛苦哦。"我坚定地回答说："是的。"她看起来有点儿不太放心，但还是给了我机会，让我试干一个星期再说。

但令老板娘想不到的是，接下来的日子，我坚持送了整整一个学期的外卖，无论风吹雨打，这份兼职基本没间断过。

在大雨滂沱的校园里，我经常是这样的：穿着雨衣，骑着自行

车，车后座上装着一个篮子，里面盛着四十多份外卖，每一份外卖盒上都贴着宿舍号和菜单，在学生宿舍楼门前的坡路上艰难地骑行着。下雨天的外卖量要比平时多出好几倍，并且需要送的楼层也都很高，大多是六楼以上，原因很简单，遇到天气不好的时候，高楼层的同学不方便或者不想下来去食堂吃饭，在宿舍点外卖送到门前是大家偏爱的方式。

把自行车停在宿舍楼下，我双手提满了外卖盒，一趟趟地爬楼梯，往往是这楼六层走下来，马上就要上另一栋楼的七层。在宿舍园区，下雨天也没多少同学在走动，只有我的身影在宿舍楼之间穿梭，身上的衣服早已湿透，但是内心真的有一种充实和满足感。那时我第一次尝到了靠自己的劳动赚钱的喜悦。

那年我18岁，送外卖是我人生中的第一份工作。而现在即将迈入30岁的我，依然会对外卖员有着莫名的感动和亲切感，因为那曾经是我第一份工作的缩影。

当时的第一份兼职对我来说更多是一种锻炼的机会，没有任何职业规划的意识，更谈不上喜欢这份工作，心中唯一想的就是赚点儿钱以减轻父母的经济负担。很多人进入职场后，可能会因各种因素从事了自己并不喜欢的工作，如果一开始就错过了职业规划，那么不妨先把已有的工作做好。这也是一种很好的选择，因为：在做

事情的过程中,你可能有机会发现自己喜欢什么,不喜欢什么;擅长什么,不擅长什么。

所以当你不知道自己要做什么时,先把眼前能做的、够得着的事情努力做好,因为再小的事情,也能磨炼心性。

2. 知道自己想获得什么,才不会在意他人的眼光

刚开始送外卖时,我遇到同系的同学时,会有人在背后偷偷地议论我,说是不是家境很差所以才要做送外卖这么辛苦的兼职,遇到熟人时我也能察觉他们异样的目光。当然刚开始我也会有一点儿不好意思,但这种感觉很快就消失了,因为我知道自己做这份兼职是为了获得什么,也是真正想提升一下自己赚钱的能力,虽然仅是一份苦差事,但却让我在心态上获得了很好的历练。

后来我在和别人谈起大学送外卖这段经历时,很多人都不相信,因为大家觉得我的外表看起来是一个斯文柔弱的女生,当时也是那种比较内向害羞的性格,不喜交际,也就不会想到我会去干这样一份体力活,更有可能的兼职应该是去图书馆当管理员这类工作。

"心有猛虎,细嗅蔷薇。"我一直很喜欢这句话,后来在我的微信签名上也放上了这句话。我虽然表面平静如水,内心却一直很坚定,明白想要走的路。这让我在成长的路上,从没在意过他人的眼光,反而活成了一副叛逆且有个性的样子。如果不是这样的性格,

我想我也不会执着于探索自我，也就谈不上找到自己真正热爱的事业了。

3. 选择大于努力，总结复盘大于蛮干

送了一个学期的外卖后，我发现技能和收入都有瓶颈：从技能方面来说，需要的可能更多的是体力，以及一些优化送餐路线的思考能力，除此之外，没有太多提升；从收入方面来说，是通过送一单单的外卖送出来的，而我的时间是有限的，一个月能靠外卖获得的收入明显是有"天花板"的，于是在第二个学期，我便去做了一些不仅仅靠体力来完成的工作，比如，电脑销售，以及当补习班老师等这样的兼职，随着工作经验越来越丰富，我接触到的人也越来越多样化，见识和收入也就越来越多。我的单位时间的价值自然就越来越高了。

努力和勤奋虽然重要，但对结果的总结复盘更重要，它会进一步提升你的认知格局和收入空间。

正是这个思考维度，让我后来转型成为一名生涯规划师，此后我的收入迅速突破了瓶颈，一年内新的职业收入就超过了过往多年主业的收入，从而顺利地走上了自由职业的道路。

而职场上很多缺乏这样思维的人，会一直以廉价的劳动力重复做着同一份工作，多年过去了，除了对业务熟能生巧外，收入和成

长几乎还在原地踏步。按这种重复的模式工作了八年的人，其实并不真正具有八年的工作经验，而是把一年的工作经验重复积累了八年。

不喜欢自己的工作，除了辞职你还有没有别的选择

1. 另辟蹊径：把喜欢的环节做到极致

2013年毕业之后，我的第一份正式工作是在一个知名的招聘网站做招聘专员。其实这是一份跟我的人力资源专业直接相关的工作，我也理所当然地认为我会非常喜欢和适合这份工作。

但是，当我上班第一天看到密密麻麻的岗位职责列表和无数份工作简历时，就已经产生了抗拒和厌倦的心理。后期每天需要打100通电话，看二三百份的简历，一天工作下来，眼睛疲劳干涩，眼泪不停地往下掉。这样的状态产生的原因不仅是客观因素造成的疲劳，还带有一点儿心酸的成分。

入职的前三个月，我基本上每天都会产生一次离职的想法，但

是又不知道离职之后，到底要找一份什么样的工作。我慢慢平静下来，开始去发现这份工作里面自己比较喜欢的部分。我不喜欢打电话这类需要拓展人脉的工作，但是很喜欢聊天沟通的环节，于是干脆就把聊天这份热情发挥到了极致。我可以跟一位陌生的地产总经理打电话聊上三四十分钟，以至于对方根本听不出来我是一名刚毕业的大学生。这样的沟通效果不是因为我使用了什么忽悠的技能，而是站在对方的角度，真诚地从职业发展规划的角度和对方深入交流。

很多刚毕业的招聘专员在跟求职者打电话时，因为电话那头的求职者往往是比他们有着更为丰富工作经验的主管、经理，甚至是更高级别的候选人，所以很多人的沟通方式自动变成了"讨好模式"，语气卑微，甚至有推销职位的感觉。殊不知，这样只会让候选人更加觉得你不专业，因为你的语气和态度已经传达了这样的信息。

因为喜爱聊天，所以我在电话沟通时，往往会忘记自己是一名刚毕业的青涩青年，反而会站在一个顾问的角度平等地和对方沟通。有些候选人在招聘会现场见到我真人时，都不太相信我是刚毕业的大学生，他们说电话里感觉我非常成熟，像工作了多年的职业顾问。

也因为这项刻意练习的沟通能力，我的招聘业绩越来越好，多次获得了领导的认可和职场的晋升机会。

当我们不喜欢自己的工作时，除了换工作外，还有另一种应对方法，就是将工作中喜欢的部分放大，把不喜欢的部分用于为喜欢的部分服务。如果你把自己喜欢的环节做到极致，这份你不喜欢的工作反而会变成你成长过程中的一个重大突破口。

不是所有的人都能在一开始就有明确的职业规划，很多人在刚毕业时都还是一名懵懂青年，不知道自己是谁，要去哪里，自己到底要什么，于是盲目地进入了不同的工作平台。根据调查，"95后"职场人的平均离职频率是7个月，辞职理由都有哪些呢？比如，公司环境不好，电脑太卡了，公司周边的餐饮太难吃了，人际关系太复杂了，感觉有点儿不顺心，等等，这些理由在崇尚职场忠诚的前辈们看来是不可思议的。

赚钱已经越来越难成为一个人留在某个平台的理由了，更多年轻人开始从兴趣和价值观角度出发来选择公司，此外，人际关系、公司环境以及人文氛围等也会影响到他们的选择。

我是"90后"，在过去工作的几年里也比较喜欢折腾，但是真正对我后来的人生产生了长远影响的工作并不是我中间频繁跳槽的那些，反而是那些入职第一天就想辞职，却坚持两年并做出了好成绩的。因为我的洞察能力和沟通能力——这两项职场核心竞争力正是从那些工作里历练出来的。

所以，在你把事做到极致的过程中，一定会锻炼出你某项核心竞争力，而这会成为你一生的财富。

2. 结果思维：用自己喜欢的方式达成想要的结果

有一名学员在我的社群里问我："老师，一些前辈告诉我要想实现理想就要采取一些手段，不能太坚持原则，还说太正直是很难生存下去的，身边的同事都会利用行业潜规则等套路来实现自己的目标，而我做事的方式经常被大家质疑，难道和他们的方式不一样就是错误的吗？"

我仔细地了解原因后才知道，他是知名培训机构的老师，平时需要承担一些老客户续费转化的业绩指标，而他不想像其他同事那样对自己的培训产品夸夸其谈，对客户过度承诺一些机构实际无法做到的福利，因为这严重违背他的价值观，但因为短期无法追上其他人的业绩，同事和领导就会质疑他的工作方式和原则存在问题。

首先我非常欣赏这名学员具有这样的价值观，但也理解他作为一名刚毕业的大学生，对职场存在的某些现象疾恶如仇，这些都影响到他的职业选择。我给他举了一个自己的例子：我在做项目招聘专员的时候，别人告诉我每天至少要打100通电话，才能有好的产出，这句话理论上是正确的，量变才能产生质变，在前期对职位不熟悉的时候，多打电话多覆盖候选人，就能提高转化的概率。

但是前面已经提到我非常不喜欢拓展性工作，不喜欢打很多陌生电话，因为我觉得那样自己就像变成了一个打电话的机器人，想想就莫名地心累，怎么办呢？

我就想，有没有那种既能减少拨打电话量又能保持高转化率的工作方式？我想到了两点：一是提高找简历的精准度（比如，候选人工作经历的匹配度，简历更新时间的长短，换工作意愿的强度，从职业发展角度判断他是否适合手上的岗位，等等）；二是充分发挥自己聊天的优势，和筛选出的精准简历的候选人聊得更深入一些，而不是像其他人那样打100通电话，每通电话按照既定的问题模板任务式地沟通完便作罢了。

我按照自己的想法去做了，结果是打30通电话要比其他人打100通电话的转化率更高，曾创造了几次专场100%到面率（到面率＝实际到场面试的总人数/前期口头邀约面试总人数×100%）的成绩。做招聘工作的HR（人力资源）都知道，面试被"放鸽子"的概率有大有小，但是一个上百人的招聘会专场，要想达到100%的到面率是不太容易的。一年内，我多次获得部门优秀员工的奖项，毕业一年多后，我成为分公司最早晋升管理层的"90后"，带领6个人的团队做招聘项目。

回到上述学员问的这个问题，其实，并不是你要不要按别人的

第一章
完美的职业生涯规划是活出自我

方式去做的问题，而是因为你的结果不如意，别人才想让你用他们的方式快速达成更好的结果。所以，这件事情的本质应该是你如何用自己的方式达成更好的结果。

假如结果很不错，别人还有什么资格来对你的过程指手画脚呢？正是因为你的结果不好，所以他们才质疑你的过程，以及你所谓的原则，等等。

外人看不到你努力的过程，他们只会从你的结果去评判你的过程，而过程恰恰是你自己可以完全把控的。

我是把自己的精力聚焦在自己喜欢的聊天沟通环节中，这不仅让我在当下的工作里成功突破心理障碍，达成了很多颇有成就的事件，最关键的是，它还给我带来一项受用终生的技能：沟通力、洞察力和共情能力。这也帮助我后来成功转型为一名生涯规划师。

所以，当你面对手上不太愉快的工作时，不妨思考当下这份工作到底是一无是处，还是有你喜欢的部分；你想要逃离，是真的不喜欢这份工作，还是逃避工作中遇到的困难？

很多人强调第一份工作的重要性，如果大家第一份工作就能找到自己喜欢并擅长的，这当然是最理想的状态了。人生最美好的事，莫过于在自己热爱的领域有所成就。

但如果一开始没有找到自己热爱的工作，也不用慌。第一份工作并不能决定你整个人生，多思考它给你带来了什么收获，在这份工作中锻炼一些核心的能力，未来你发现自己热爱的事情之后，它们会帮助你更好地实现自己的梦想。

追随内心，它会给你带来不一样的养分

2015年8月，我从国内某知名招聘网站以项目经理的头衔离职。与此同时，我接受了一份薪资1.2万元的创业型公司的人力资源负责人的录取通知。

毕业后一年，我在上市公司升职为项目经理，毕业两年后得到了看似更好的机会。这一切来得太快了。那个时候身边的人都觉得我很厉害，我当时也一度觉得自己很牛，但在后来的创业经历中被现实狠狠地打了一次脸。

离职那天，当我拿着离职申请书去找总经理签字时，作为一个在人力资源领域实战多年的前辈，他语重心长地对我说了一句话：人力资源工作不像技术领域那样会出现天才，它需要的是时间的积累和经验的沉淀。听了总经理的这句话，我似懂非懂，当时刚毕业一年多的我，显然不太理解这句话背后的含义。

第一章
完美的职业生涯规划是活出自我

后来我才渐渐地明白，也许他是想表达对我的可惜：虽然上升到了管理层的位置，但却没能够安心在平台沉淀，反而接受了一个薪水更多、职位更高的录取通知，这对于人力资源这个需要资历、职场成熟度以及人际关系等一系列需要经验沉淀的岗位来说，未必是个好选择。

年轻时心浮气躁，心气也高，我在进入第二家公司后，很快发现有不少自己没办法适应的问题，也缺乏动力和信心去解决，于是我不得不在很短时间内离开了这家公司。此后酝酿了一段时间，我才开始了真正全职的一次创业。

1. 隔行如隔山，切忌随意跟风

创业伊始，我做了一次完全跨行业的尝试，因为有个朋友开了家做3C配件的工厂，于是我想到了外贸领域，看到当时身边有些做外贸的朋友赚得盆满钵满，自己又比较喜欢和老外聊天，这个方向就这么定下来了。

最初是做批发，一开始是在敦煌网平台上做，主要就是不断上传产品，写详情。做了15天后，后台突然收到一位外国人的咨询。仔细看，不难发现那是个群发的邮件，里面列了很多种类的产品，每种数量都不多，所以可以判断出他应该群发给了一些小卖家，大卖家是不会理会这种数量少、种类却非常多的单子的。

虽然看起来就像别人无意中丢的一个漂流瓶，但我依然非常兴奋，因为是第一次接到客户的邮件，所以我很认真地按每样产品去找了货源，询价比价，对比质量。第二天，我给这位客户回复了一封邮件，里面给了一个总报价以及每种产品的单价和型号。这是欧洲斯洛文尼亚的一个客户，这个国家我大概永远都不会忘记了。

邮件发出去后，有一个多星期都没回音，我有点儿灰心，想着他是不是已经敲定了其他供应商了，但我那执着的个性这时候发挥作用了，我鼓起勇气又发给他一封邮件，询问对方是否对我的报价存在异议，当晚他回复我了，告诉我其他供应商给的价格更低。我调整了一下价格，并重新整理了产品图片型号，再次发了出去，在连续跟进了5天后，终于拿下了这第一单。

由于四五月份是批发的淡季，于是我又转型做了亚马逊零售，有了很多第一次的经历，比如，通宵打包产品，设计品牌 logo，奔波于那些没有地铁的偏远的工厂……

我一路坚持，虽然中间有成功的项目，但是以亏损居多，整个人一直处于焦虑状态，我们真的要敬畏每一个行业和领域，用自己的热情和有优势的资源创业。这个资源可以是某项技能，可以是你在某个熟悉领域的经验和人脉资源，或者是你对这个领域具有前瞻性的战略认知，等等。

这也是那些在某个行业已经积累了一定的经验、人脉或资源的人创业成功率会更高的原因。如果你自身具备某行的某一个能力优势，可以找到这行其他方面与你互补的合伙人一起创业，这样成功的概率会大一些。盲目创业会直接导致失败。

2. 及时止损和坚持到底同样重要

最终在12月份，我的账号被亚马逊以侵权为由关闭了。在第一次被关时，还写了很长的申诉信，但后面因为各种客观因素再次被投诉，账号第二次被关。这个时候，我才知道下半年大量卖家涌入平台，平台加紧淘汰，形成各种严厉的政策，很多卖家还不知道这些政策时就已经被判出局了。也是在这个时候，我选择了放弃，不再去挽救账号。

我之所以这样，一方面，是经济压力已然很大了，很多货压在了美国，如果平台在这个时候清理卖家，我们这种没有强大供应链和资金实力的新手无疑是很难死磕到底的，这种情况下退出就是止损。

另一方面，我深深感受到了跨行创业的难度，即使努力从0做到1，这行的坑该跳的都得跳，该交的学费都得交。每个行业其实"水"都很深，在一个新的行业遇到瓶颈凭借个人的力量很难突破，如果经济实力不足以支撑你继续"交学费",那就很难走到最后,这个"学费"包括资金投入、学习成本、认知成本、犯错成本等。

有时,我们在做一件事情遇到阻力想要放弃时,会过不了自己的那道关,会给自己贴上一个失败者的标签。我们从小受到的教育都要求我们坚持,要有毅力和耐心,因此我们没有学会何时应该放弃。只有做到断舍离,才能避免最大的损失,重新选择一个赛道出发。看看那些在股市里只会前进不懂得止损的人们就知道了,及时止损背后考验的是你的判断力和魄力,它和坚持到底这个精神同样重要,甚至更重要。它减小了你的机会成本,让你能尽快地投身于那些对的方向和事情上,而不必在错误的方向上苦苦挣扎和内耗,不必真的等到已造成重大或无法挽回的损失时才后悔没有早点儿退出。

3. 懂人性就是懂自己

虽然创业失败了,但是这成为我人生重要的转折点,它不但提高了我的抗挫能力,还帮助我增长了很多为人处世的智慧。现在再回想当年总经理给我的忠告,就有了另一个相反层面的解读:人生不是一个答案非 A 即 B 的封闭考题,在任何一个领域,拥有多元的人生体验都会促进你对本领域的理解。

要做好人力资源,和人打交道,不是要把自己锻炼成社交高手,而是要懂人心和人性。而我的这段既当员工又当老板的创业经历，无疑加深了我对自己的理解，也加深了对人性的理解。毕竟我们每个人对外人的了解程度，不太可能超过对自己的了解。

每个领域的顶尖高手，都是懂人性的高手，与其说他们更了解用户，不如说他们更了解自己。人就是人力资源的核心。

我们做的每一个跟随内心的选择，是没有绝对的对错之分的，它会给我们带来不一样的养分。如果我遵循传统的路线，一直在企业里从事人力资源工作，多年过去也许积累到了很多职场人际关系的经验，却也缺少像创业这段经历给我带来的从眼界到内心的修炼，这样的教材是职场所不能提供的。创业放大了我的优点，也放大了我的缺点，可以说这是一场奇妙的自我发现之旅。

恢复和提升能量，找回生命原动力

1. 当职场人生被按下暂停键，阅读和分享给了我新生命

虽然我现在已经能很理性、很成熟地看待过去的失败创业经历，但2016年下半年到2017年年初，我无疑处在人生低谷。离开职场

近两年，热情满满去创了一年半的业，结果却重重地栽了跟头，导致那段时间我陷入了无限怀疑和否定自己的状态中。我不敢和家人深入沟通这件事，以免给他们造成负担和压力，更不好意思和外人诉说，于是在长达半年的时间里，我基本不出门，把自己关在家里，基本上是沉默寡言的状态。那段时间，我每天都在想：未来应该怎么办？还能走得出去吗？我真的有这么差吗？

也许很多人都经历过这样的情形，那是一种不知道什么时候才可以见到曙光的无力感，生活就像被按下了暂停键，什么事都不再有勇气做，什么话也不想多说。

我决定重回职场修身养性，也需要重新沉淀自己，无论是心性还是经验。但那个时候我是已婚未育，担心回职场没多久就要生孩子，而我又不想一回职场就开始休产假。所以想干脆生完孩子后再回去上班。

然后就经历了10个月的怀孕期，虽然还没多少当母亲的感觉，却隐约觉得有一股新的力量在身体内流动，走路也会时不时托着小肚子，仿佛带着很贵重的宝贝在身上一样。当通过B超第一次看到宝宝完整的图像以及看到报告单上写着胎心正常的报告后，我突然间有了新生的动力，那就是想给肚子里的小生命树立一个好的榜样，总不能让他出生后看到妈妈那么狼狈。

我做的第一件事，是把创业的整个经历写了出来。那个时候头条刚出来没多久，我在上面写了一篇文章。因为有些痛苦的感受憋在心里可能永远都无法释放，既然当时已经是最坏的状况了，那不如完全打开自己，接纳曾经的失败。想不到我把这段经历完整写出来后，收到了很多陌生人的留言和私信，基本都是有过创业经历的同路人给我的鼓励和支持。在完全抒发出来之后，我心里的乌云神奇地消失了一大半，还意外收获了来自外界的新能量的注入。可以说，是真诚分享这件事治愈了我。我发现，我遇到的挫折好像也算不上什么大事情，因为我看到每个人都经历过或大或小的黑暗时刻，只是少部分人说出来了，而大多数人却选择埋在心里罢了。

2. 学会和你的情绪共处，看见并接纳它

坦然面对曾经的经历，和自己的情绪共处，尝试用文字或口头的形式完全诉说出来，当你看见它，它对你的伤害力就减弱大半了，越隐藏越容易受伤。

内心开始释然之后，为了度过孕期无聊的日子，我制订了阅读大量书籍的计划，因为这是一个和自己内心对话，以及见到更大世界，提升自己认知能力的方式——既然没办法去职场工作，那就利用这段宝贵的时间平静下来向内探索。

如果说公开创业经历这个举动把我从低迷情绪中拉了出来，那

阅读无疑打开了我新世界的大门。以前一年都没看过一本书的我，孕期里看了50多本书，写了20篇文章，还尝试做了一些公益直播课分享，建立了第一个付费读书社群。阅读让我看到了事物的多面性。我学会了从不同的高度和多种维度看待一件事情，这极大地提升了我的认知能力，让我彻底走出了创业失败的阴影，并且还影响了身边的一些人，使他们也养成了阅读的习惯，而我自己的能量也正在一点点恢复和提升。

如果你也正在经历低谷，不知道该怎么办，看看下面我给你准备的几个恢复能量的小秘籍吧。

第一步是接纳。 和你低落的情绪平静地相处一会儿，告诉自己产生这些情绪是正常的，再用旁观者的视角来看看此刻的自己，抱抱自己。如果说出来效果会更好一些，那么不妨尝试找一个方式抒发出来，并在输出的过程中，尽量还原事情的全貌，甚至提炼和总结对日后有帮助的经验教训，以帮助自己更快走出来。此时你会发现，做完这一步，你已经不再沉迷于悲伤的情绪中，至少好了大半，因为负能量得到了释放，并且在这个过程中你还找到了新的解药（经验教训的总结），这样就滋生了新的力量。像在悬崖边上破土而出的小花，过程艰难但却充满了力量，蜕变成了一个新的生命。

第二步是向内探索， 阅读一些自己感兴趣的或者有关心灵方面的书籍。向内探索的过程是安静而有力量的。向内探索的程度有多深，对外的行为改变就会有多大。因为一切显性的结果都是由隐形的因素决定的，外在行为也是内在意识的体现。如果你实在不知道下一步要做什么，那就看书吧，书籍会给你带来惊喜。

第三步是越缺乏什么，就越需要给出什么。缺乏爱的时候，尝试给出爱；缺乏能量的时候，尝试给予能量，去帮助和你同样处境的人，哪怕给他们一点儿启发的力量，就像一滴滴甘露滋润了别人，反过来其实也滋润了自己。

在能量很低的时候，千万不要和自己的低落情绪对抗，以致一直陷在情绪里而无法自拔；同时也不要刻意给自己打鸡血，要求自己马上改变这种状态，去做一些让自己痛苦的事情。这两种状态都是没有接纳自己所采取的极端做法，它会让你像弹簧一样，当你给自己过大负荷的时候，会被反弹回到更糟糕的状态里。

允许低能量的状态和情绪的存在，理解它们产生的背景，尝试总结这件事做得好的和不好的部分。逃避不会让这些情绪消失，它们只是隐藏了起来，会在未来某一个阶段以其他形式反复出现。

最后，你还需要找到一些新的动力，就是我们所说的内驱力。这个强大的动力会促使你走出阴霾，快速开始自己的新篇章。像我的这段经历中，其实是怀孕成为母亲后，让我有了想对一个新生命负责的新生动力。我想成为孩子的榜样，我相信，为人父母后很多人都会有这种动力。确实，在孩子出生后的两三年里，我和先生的事业发生了很多惊喜的变化，日子也越过越好，我们现在回头看，会觉得孩子当时给了我们极大的动力，这种责任感不断驱使我们成为更好的父母，更好的自己。

你的新动力还可以是想到年迈的父母，希望给他们以后更好的晚年生活；可以是未来那个闪闪发光的更好的自己，未来孩子的榜样，家里兄弟姐妹的榜样，等等。一切让你想改变现状，积极向前的力量，都是原始的内在驱动力。找到它，放大它，让自己重生。

从不放弃探索自我，才有可能真正活出自我

1. 对于现状不满意，就主动做出改变

孩子出生之后，我很快就回到了职场，确切地说是坐完月子当天我就去面试了三家公司，拿到了两个公司的录取通知。我选择了其中一家公司入职，在生完孩子50天后我就挤着地铁去上班了。那

个时候家人也不太理解我为什么那么急着回去上班。因为那时我已经两年没有上班了,内心缺乏了一些自我价值感,难免有些空落落的,想迫切找回从前被肯定和认可的感觉,同时希望自己有一个收入稳定的工作,就像流浪在外的人想找到一个暂时落脚的地方。

虽然做着曾经最擅长的招聘工作,但我心里清楚地知道对它已无热爱,尽管如此,我并没有消极怠工,在返回职场的一两年里,我一次次地刷新自己在专业领域的成绩。只是在业余时间我依然会失去动力,会反复思考我的终生事业方向,难道我要做一辈子招聘工作吗?

因为做的不是自己热爱的事情,于是我进入了白天努力创造工作成绩,晚上失眠思考自己未来人生规划的状态。有句话说:在晴天时修屋顶。骨子里我可能是一个居安思危的人,拿着不错的工资时,依然会思考:这份收入能拿多少年,心甘情愿拿多久?未来如果我不再想做这份工作了,我还能做些什么?有没有一种能让自己一辈子都有热情的工作?

很多人也有过这样的状态,但大部分人依然是晚上想千条路,早上起来走原路,日复一日,活成了自己越来越不喜欢的样子;而另一小部分人则和我一样,选择主动改变,打破现状。

前面说到我在业余时间养成了阅读的习惯,有一天我在看古典老师的《跃迁》这本书时，无意中翻到写着"生涯规划师"这个词语的这一页，当时脑海里闪过一道光，有种瞬间被这个词击中的感觉。

我是那种很喜欢倾听他人，并愿意提供解决方案的有分析类特质的人。以前曾想做心理咨询师，但由于各种原因没有进入这个领域（后来我才知道自己一直没下定决心进入心理咨询这个领域，是因为这份职业需更多关注一个人的过去，找到来询者痛苦的根源，而我不喜欢背负太多的负能量）；而生涯规划师虽然也会通过梳理来访者过去的经历来挖掘问题的根源，但是它更关注未来，加上自身一直从事人力资源的工作，感觉这个职业似乎是给自己量身打造的。

但由于是第一次接触，我对这个职业不是很了解，于是我做的第一件事就是上网去大量地搜集关于生涯规划师有关的证书和培训机构。我看了网上关于生涯规划师的资料和介绍，越看越兴奋，在很短的时间内就确定了一家线下培训的机构，去参加了为期3天的生涯规划师认证课程。

在那之前，我从来没有自费去参加过任何线下的培训，这是我除了买书之外真正为自己深入学习某个领域所做的第一笔投资。我在大学期间曾经逃掉了很多专业的理论课，因为对这些纯理论知识没有兴趣，也觉得很枯燥，上课期间也经常走神，但是那三天的培训却让我异常兴奋和享受，过程当中也没有走神。我发现自己很容易就听懂了这些知识，在这个过程里我保持着极大的热情。我第一次感受到原来学习也可以有心流的感觉。

2. 不断学习，打破对职业的片面认知

通过一系列的课程学习，我发现自己的热情和天赋原来就是培训和指导他人，属于教育的方向，我顿时对自己未来的人生充满了希望。在此之前，我从不觉得自己以后会进入教育领域，也不想做一名老师，我对老师的印象是刻板和苍白的。之所以会有这样狭隘的认知，是因为我的母亲也是一名老师，我从小到大见证了她几十年不容易的教学生涯，看到她在三尺讲台站了大半辈子，经常要讲重复的课程内容，觉得她非常辛苦。教师的职业很稳定，一眼能看得见头，而我不喜欢重复性的工作，我喜欢尝试新鲜事物。所以，我一直不认为教师职业适合我，但是当我那几天重新审视自己的热情和天赋的时候，我才发现原来做教育，可以有另外一种形式，那就是成为生涯规划师，我可以自由地写作、教学、演讲，不局限于固定的收入，不局限在一个固定的工作场景和环境。生涯规划之学，本来就是一个应变之学，它也不是个一成不变的职业。

学习使我打开了新的世界。有的时候，对某一个职业的片面认

知会导致我们错过最热爱的事业，但其实这种片面的认知和眼界的狭窄，是和我们不了解职业的全面性有关系的。很多人想知道自己到底适合做什么，我想说在职业选择的初期，我们应该尝试去接触和了解不同职业的大致全貌，通过自我探索和学习找到自己真正热爱的职业方向。首先要看见这个世界上存在什么样的职业，然后才能知道我们喜欢和适合什么样的职业。

随着时代的发展，其实有一些新的职业是我们可以自己创造出来的，前提是它是我们热爱的。即使市场上只有少量的需求，我们也完全可以创造出一个新的职业方向，比如，高效阅读教练、复盘教练、精力管理教练等，这些职业有可能是从个人兴趣或优势中某一个点衍生出来的，但是它同样有大量的用户群体。只要你有喜欢和擅长的事情，就一定会吸引到同类和同频的群体，甚至创造出一个新的职业方向，引领一个新的职业潮流。

所以在我们迷茫的时候，尽管会走很多弯路，但依然不能放弃探索，要通过学习打开自己的认知通道，通过接触职业生涯规划，找到自己的一个大概的方向，这样，在人生的路上，走的弯路才不会太多。

在中国以往的教育体系里人们比较重视学习成绩，也就是各科分数，缺乏普及职业规划的意识，所以，导致很多人在职场奋斗多年之后却遇到了中年危机、职业瓶颈等。出现短暂的迷茫和瓶颈也是正常的，但如果你依然没有职业生涯规划意识，就会像飞蛾扑火一样乱冲乱撞，在走了很多弯路，付出了巨大的时间成本之后，才能找到自己能够终身耕耘的事业。

在后面的咨询个案中你会发现，一个人在犹豫是否要寻找生涯更多可能性的时候，通常需要思考以下四个课题。

第一个课题：个体价值。主业是否可以让你实现自我价值？ 如果我们从来没有从自身真正的需求出发，那么我们选择的职业平台以及在职场工作的过程，其实都是在满足他人或组织的期待，是通过自我价值的实现推动平台价值的实现。这是以组织的期待为核心的。你要思考：目前你手上的这个主业是不是你真正喜欢和擅长的，如果推至未来10年后，你还会不会想从事你现在的这个职业？如果答案是否定的，那么从现在开始，你就需要去探索真正适合自己未来的事业的方向了。

时代在不断发展，工作的模式也在变化，未来会从公司雇佣的时代，变成平台和个人合作的时代，也就是从雇佣的形式变成了未来合伙的形式，所以在未来，个体的价值会被无限放大，所以我们每个人从现在开始就要从自身需求出发，提前去规划自己未来的方向。

有一位叫斯蒂文·兰斯博格的名人曾说过一句话：千万不要在你没有兴趣的领域追求成功，因为你得跟那些真正有兴趣的人竞争。他们在自己有兴趣的领域都是疯子。一句话，道出了发挥个体的热情和天赋的重要性，它会帮助你在这个领域玩得更快乐，玩得更出色，并且幸福感也更高，而不是仅仅为了某种外在的评价，或者为了经济报酬在工作。

第二个课题：职业价值观。职业生涯的成功是否就是有更高的职位和收入？第二个课题，就是让我们思考我们所认为的职业成功，是不是就是在目前的平台上拥有更高的职位和收入？这里我们探索的是一个职业价值观的问题。假设在你现在的岗位上，往5年后看，你会干到领导的位置，但如果你对那个位置上的人所拥有和失去的东西都不感兴趣，那其实可以说明，你并不想在这个岗位上一直往上走。那你所想要的成功是什么样子的呢？

这里可以梳理出我们的每项价值观，我们是更注重个人兴趣发展还是平台上升的机会，或是自我价值的实现？把这些问题想明白是我们目前做出自我生涯探索的第一步。

你首先要明白自己的核心职业价值观是什么，在当下你可以做出哪些改变才能够满足自己的价值观，提高自己的工作幸福度和满意度。

第三个课题：转型的可能性。如果你不喜欢目前从事的职业，那么有没有以最小的成本可以迁移的职业方向？

第三个课题也是很多想要转型的人都在担忧的问题。如果现在的工作不是最适合自己的，那么转行是不是风险很大呢？到底有没有成本最小，可以让自己成功转行的职业方向？很多人卡在了这一点，导致不敢贸然地行动和突破。在考虑转行可能性的时候，给大家以下几点建议。

（1）通过职位访谈以及让专业的生涯测评来探索自己感兴趣和擅长的职业方向。 比如，我原本是从事招聘管理工作的，因为接触到了生涯规划，而后通过专业的生涯测评和一系列探索才发现教育方向才是我比较感兴趣和擅长的。

（2）梳理目前的工作给自己带来的可迁移经验和优势。 在你过去的工作经历中一定或多或少锻炼出了一些通用能力，这些能力是否可以迁移到你想要转型的新领域里？如果可以迁移过去，可以用在哪些地方，以帮助你更快地获得新职业上的突破？

沟通能力、亲和力、共情力以及洞察力是我在过往工作中积累下来的一些通用的能力，那它们可不可以迁移到生涯规划师这个新职业里面来呢？生涯规划师的技能要求里就有亲和力、洞察力以及共情力，在能力的版图上这些初步符合了我转型的要求。我在后来业余做咨询的时候，发现这些能力也是我的核心竞争力，它们在我的新职业上凸显了它的优势，为我的成功转型助了一臂之力。

（3）**圈子先行**。当看到比较符合自己的新职业方向后，我们还需要做进一步的确认，那就是进入这个新职业的圈子里面，通过学习课程，或者通过人脉链接等方式，看看里面的前辈都在做什么，他们的工作内容和状态是不是你想要的。这种沉浸式的体验会帮助我们确定职业方向。很多人想转行时会到处问别人：这个职业怎样？我适不适合这个职业？其实，他们对这个职业的具体工作内容和场景都不熟悉。在你适不适合某个方向这个问题上，没有人能告诉你答案。我们在初步确定了方向以后，要通过实践去考察，以得到真实可行的答案。

（4）**马上行动**。用最少的时间成本去验证从事新职业的可行性，当我们在大脑里形成一个决策的时候，我们需要在第一时间使它落地，然后在业余时间去实践它，这样才能给我们带来正向的反馈，以让我们持续往新的方向走下去。

我在学习完生涯课程后，就在朋友圈发布了10个公益咨询的名额，这些这名额不到两个小时就被预约完了，从第11个开始收费。

很多同学还在慢慢消化课程知识，而我已经迈出了第一步，我的这个举动也让同伴惊讶。我为什么会这样做呢？

第一章 完美的职业生涯规划是活出自我

我主要思考了以下三点：

（1）如何能更快更好地掌握所学的知识，并运用到实践中。

（2）我是否能在咨询中找到来询者的痛点（验证能力优势）。

（3）这个方向会成为我终生的事业方向吗？

这些思考体现了三个关键词：教学相长、咨询能力、价值回馈。

教是最好的学，为了能顺利运用，我必须倒逼自己快速掌握所有理论知识以及工具在特定情景下的运用。理论知识背得再熟，也比不上做一次真实的咨询。为了做好每一次咨询，我会一遍遍地复习所有内容，这个动力所产生的学习效果要比独自学习好上百倍。

"马上行动"这四个字不但让我迅速掌握了要点，也让我从来询者的反馈中认识到了自己提供咨询服务的能力（生涯三要素中的兴趣、能力要素到位）。

当我听到语音那头的来询者对我的认可，知道自己真正解决了对方的痛点时，那种价值感和充实感让我有了第三个问题的答案，我很快从公益咨询跨到了付费咨询阶段。兴趣、能力以及价值回馈都满足了，自然想一直做下去，以把自己的兴趣真正发展成事业。

这两年我做了大量的生涯咨询，目前为止累计做了500个个案，累计咨询小时数超过了800小时。这些正是一次次的快速行动和反馈带来的积累。

第四个课题：榜样的力量。你真正热爱的领域里有没有人成功？他们是怎么做的？我在这个领域看到的榜样，就是古典老师。我是看了他的书才接触到生涯规划事业的。他带着自己的人生使命，创办了一家温暖的生涯教育的机构。这像一盏明灯，给我们这些职业生涯从业者带来了强有力的指引和力量。

击穿迷茫，找到原始根源

1. 没有职业规划，人生走起来就像拼图

有一名来做生涯咨询的学员，刚开始在某个岗位上做得也还不错，但是过了七八年之后，遇到瓶颈，她才发现自己已经很厌倦这份工作了，不知道未来的路怎么走。她好奇地问我，好的职业规划究竟是怎样的，为什么刚开始觉得还很喜欢的工作，到后面就疲乏无力，甚至有点儿怀疑当初选择的职业方向呢？

人的喜好和职业价值观是会发生变化的。在给她做咨询的过程中，我发现了一个问题：她以前觉得收入很重要，因此选了一份收入更高的工作，过程中自然可能会忽略其他重要因素。但是随着时

间的流逝，她可能希望工作更自由一些，希望自己达到事业和家庭的平衡，那这个时候要考虑的事情可能不单单是一个事业方向的问题，而是一个新的转型，可能是自由职业或者创业，等等。

我回望自己大学毕业后一路的经历，虽然按照内心去做了很多选择，但是中间也有很多迷茫的时刻，虽然最后找到了热爱的事业，但中间未免太过波折，浪费了很多时间和精力去尝试，走了各种弯路。

在接触到生涯规划后，我才发现原来自己热爱的是教育，在过往人生经历中，最使我有成就感和满足感的是站在讲台上给别人分享经验，给身边人解答疑惑，以及与其聊天的过程。于是我就这样走上了生涯咨询和培训的道路，做了自己热爱和擅长的事情，道路好像突然变得更顺畅了，再也没有以前胡乱碰撞找不到北的感觉了。

2. 原生家庭打压式的教育，自己没有做决定的权利和勇气

在做生涯咨询案例过程中，出现了个别现象：学员以为自己的问题是一个职业规划的问题，以为所有迷茫都是因为事业方向错了，但实际上，他们在找到合适的方向之后，依然无力，没有动力去往前走一步，他们也许在此之前做了一个又一个专业咨询，却依然没

有办法活出自己想要的人生。因为这迷茫背后有更加深层次的原因。

深入聊过之后，我发现在他们小的时候，父母不鼓励他们发展兴趣，一旦发现他们出现了读书以外的兴趣，就会打压，觉得他们不好好读书，总是干些非正道的事情。长期处在这种教育理念之下，他们慢慢就不太敢去追求自己想要的生活，没有勇气去做自己喜欢的事情，以至于成年以后的学业生活工作，甚至在选择爱人这方面都遵循着父母和外界给的建议。

如果他们没有意识到令自己迷茫的根源，就会重复陷入迷茫，在每一次想要投入自己想做的事情时都会停住脚步，因为父母从没给过他们这样的勇气去做一些人生的重大决定。他们一旦想要偏离原来的舒适区，就会本能地受到心理束缚，从而没有勇气去面对选择所带来的不确定性。

还有一种情况，那就是当他们开始做的时候，父母却跳出来阻止，这会加大他们行动的难度。很多人因长期处于这样的情绪对抗中而不能自拔。一面是自己深爱的父母，一面是内心真正想要做的事情，感觉偏向哪一方都不行。

只有真正接纳了才会发生改变，我们想要发生改变，就要先接纳当下的状况，当你内心真正看到的时候，其实纠结和迷茫就已经释然一大半了。

如果没有去追根溯源，即使暂时解决了某个迷茫的问题，在下一个阶段又会出现新的迷茫。它们只不过是换了件"外衣"出现在你面前罢了，背后都源于你自己缺乏内在的力量去支持你做决定。

3. 总根据外界环境做决定，外界与内心产生了冲突

很多人一开始就没有按照自己的内心去选择学校、工作以及结婚对象等。凡是没有按照自己真实内心去过生活的，都有自我牺牲这个成分在里面，后面都会慢慢陷入迷茫和瓶颈。因为随着物质条件越来越丰富，以及对自己和外界的认知的不断提升，每个人都想寻求自我价值的实现。正如马斯洛需求层次理论所指出的：从最低层次的生理需求开始，越往上走离自我价值实现的需求越近。

在过去的教育环境里，大多数人为了满足生存需求被迫选择一个专业，然后顺势找到一个工作，喜欢的事情是要等到实现财富自由之后才能做的，在生存阶段谈论喜欢的事情貌似变成了一种奢望。

从职业规划的角度看，如果我们能尽早发现自己的兴趣和天赋，那么完全可以在刚开始的生存阶段就选择自己喜欢的工作，刚开始可能只是喝粥，但慢慢地就会吃上丰盛的饭菜。

但是在过去被物质条件深深束缚的时代，很多人的兴趣和天赋受到了压制，他们做什么样的决定都会依赖别人的一些看法，非常

担心自己做的决定会有很多人持反对意见，唯独忽略了自己内心的真实需求。

当慢慢地发现自己内心真正想要的生活跟目前所处的环境有冲突的时候，他们就会陷入迷茫。这其实是刚开始就没有去遵从内心的选择带来的后果，只不过它可能会阶段性地出现在你的人生当中——当你一开始对内心需求妥协的时候，会给自己这样的安慰：我现在这样也挺好的。其实这个时候这个真实意愿并没有消失，而是被你隐藏起来了。所以在未来的某个阶段，它又会重新冒出来，跟你的现实生活形成强烈的对比。

当我们发现这个原因时，解决方案就自动出来了——既然现在的结果是由过去不遵循内心造成的，那么从现在开始，我们可以选择种下未来能够活出自我的种子，让未来不再出现这样的遗憾。最好的方式无疑是从此刻就开始按照自己的内心真实意愿去活。

4. 不可忽视的周边因素，不一定是方向出了问题

有名学员来做咨询时非常迷茫，她想知道自己到底适合做什么工作，目前的工作令她疲惫和厌倦。但在和她聊天的过程中我深挖其原因，发现她和上司的关系很不好，因为她不喜欢上司的管理风格，所以在工作中处处不顺。我问她：如果换一个合适的上司，你会想要离开目前的工作吗？她坚定地说不会，单就这个职业来说她

是很喜欢的，只是这段时间分不清是什么原因，导致工作遇到瓶颈。

有的时候，迷茫的根源不一定是方向本身出了问题，而是周边因素的影响，但所有因素混在一起，你理不清哪个因素在起作用，也许这个关键要素解决以后，你眼前的迷茫就不存在了。答案在迷雾被拨开之后会自己跑出来。

所以，下次当自己感觉迷茫时，不妨把目前的情况梳理一遍，把那些让自己痛苦和不愉快的因素一个个写下来，和自己对话，用排除法找到最根本的原因。如果这步对你很难，可以及时找职业生涯规划师帮你梳理。不要让自己一直陷入情绪内耗中，因为一晃几年就会过去，而时间才是你最宝贵的东西；省下的时间多一点儿，就可以多做一些自己喜欢的事。

所以，你看见了迷茫根源之后，就愉悦地接纳它，当你做到自我接纳后，你的人生才会真正产生变化，如果没有办法接纳或者根本就不知道原因在哪里，迷茫就会在你人生的各个阶段不时出现，形成恶性循环。

你现在的不如意都是过去的选择不当造成的，从现在开始，你可以选择活出自己的一个新版本了。

第二章　避免中年危机，提前做好职业规划

※　构建你 10 年后的理想蓝图

※　你到底适合什么类型的职业

※　不知道自己喜欢什么，怎么办

※　喜欢的事情太多，从哪里切入

※　成为积极的完美主义者，踏出第一步最重要

※　找到痛苦背后隐藏的人生使命

构建你 10 年后的理想蓝图

1. 你不规划自己的人生，就会被他人规划你的人生

上生涯课的第一天，还没讲任何内容，老师就先给我们做了一个游戏：让我们幻想 10 年后的理想画面。游戏规则是这样的：给每个人发一张白纸，需要在白纸的左上方写上自己的名字，然后在 10 分钟之内画出自己十年之后的理想画面，这个过程中老师随时会喊停。

老师一声令下，游戏开始了。1 分钟内，教室里超过半数的同学看着眼前的这张纸不知道从哪里下笔，也有一些同学在自己的纸上画出一小部分的元素，比如，一个小人儿、一栋房子、一架飞机、一片海、一个花园等。我就是那个不知道画什么，只画了一个小人儿代表自己的学生。画面上的那个小人儿也显得特别茫然，和我当时的心情如此相似。因为整张纸上除了自己什么都没有，第一次体会到，原来一个人不知道自己想要什么，没有理想的时候，是如此空洞的感觉。

1分钟之后老师喊了停，让我们把白纸传递给右边的同学，他们要在原画的基础上完成他们的作品。我们每个小组一共有6个人，每次在右边同学画了一两分钟之后，老师就会喊停，这张纸最后就在这个小组里面传了一圈，最后画会回到首次传出的人手上。老师问：眼前这幅画是你们想要的理想画面吗？

有些同学说这里面有一部分元素是自己想要的；但有一部分，不是自己想要的。还有一部分人说，这个好像跟自己想要的画面不太符合，但其实他们也不知道自己想要什么。

然后，老师给我们讲了一个小故事：在过往的学员里面，有一个人未来想开一间茶室。他先在白纸上画了一面墙壁和一个画框，传给另外一名学员的时候，这名学员按照自己的想法在他的纸上添加了一个香炉和一座庙……画最后回到这位学员的手上时，他发现10年之后自己竟然出家了，弄得自己哭笑不得。

还有一些学员，他递给其他人的只是一张写了自己名字的白纸，没有任何元素，所以回到自己的手上时，其实一整幅画都是别人的理想画面，而不是自己的。这和我们生活中很多人的情况是不是非常类似？他们从来没有想过自己未来想要去哪里，只是被目前的环境和环境中的人推着走。你的人生蓝图如果不是由你自己规划和设计的，那么大概率上是被其他人规划出来的，这幅蓝图可能会有很多元素，但唯独少了你自己这个角色。在其他人建立的游戏规则里无论你是输是赢，你都没有活出真正的自我，也无法达到自己的目标。

在我的课程里，我也喜欢问我的学员们：你们10年之后的理想画面是什么样子的，能够把它描绘出来吗？有一小部分学员会说：老师，我头脑里一片空白，一点画面都想不到，你能告诉我应该怎么去把这个画面给画出来吗？会这样问的人，平时都习惯了靠外界给答案，习惯了走到哪里就过哪里的生活，连自己真正想要什么都不知道，他们希望从外界得到一个直接的答案，不用自己去做过多的思考。你心里想要什么一定是由你自己主动探索才能找到答案的，这个世界最了解你的只有你自己，专业的咨询师只是一名引导者，引导你去发现真实的自我。

如果你想不到整个画面，那能不能从局部开始慢慢地去想呢？之前几十年没有完成自我探索这门功课，那么从现在开始就要补上，多花点儿时间去和你的内心相处，去找一找儿时曾经的梦想——曾经被别人压制或是被现实磨灭过的梦想。

如果一个大概框架，或者个别元素你都没有办法靠自己完成，其他人就更不知道你在想什么了。这种情形下他们也只能按照自的想法，去给你添加画面的元素。所以你先要知道自己想要的生活大概是一个什么样的画面，才能够精雕细琢，一步一步地去实现，也才能知道用怎样的方式实现你想要的生活。

如果你从来没有思考过这个问题，那现在你可以跟着下面的步骤来完成你的人生理想蓝图。

第一步，想一下按照自己现在这样的过法，10年后你会是什么样子。

第二步，你希望是这个样子吗？如果答案是否定的，那么你希望是什么样的？

第三步，画出一张你想象中的10年后的画面（会不会画都尽力画出来）。

2. 站在未来高维的层面，解决现在低维的问题

很多人被现在的工作和生活中存在的问题所困扰，这使他们没有办法去到更高的维度来审视现在。如果我们把时间拉得更长远，从一年、两年，甚至10年之后回看现在的人生，那现在你所面临的问题，可能只是你漫漫人生中很小的一个点。你能把自己未来的画面想得很清楚，回到当下，很多问题就自然而然地有了解决的方法，因为它们在未来高维的层面对比下，变成了一个很容易解决的小问题。你还记得以前经历过的当时觉得很难踏过去的坎吗？现在回想

起来，是不是也有一种感觉，即当时遇到的"大问题"其实也没什么大不了的。

如果你想不出未来的一个理想画面，也可以从现在的工作和生活的近况去延伸出未来的版本。也就是沿着现在生活和工作的轨迹，预测5年或者10年之后你会是什么样子。3年前我回到职场之后，也曾思考过：假如我没有做任何的自我探索，没有接触到生涯规划，还是在职场做着我的招聘管理的工作，那在5年到10年之后，也许我在职场获得了很高的位置，比如，做到人力资源总监，或者到了另外一家公司去做高管，那个时候的我应该是工作非常忙，收入很高，但同时我是没有时间陪伴家人的。为了工作牺牲更多个人的时间，那并不是我理想的生活状态。

3年前，我的孩子刚出生不久我就上班了，每天都早出晚归，早上7点起来去挤地铁，出门之前，如果孩子已经醒来，跟他玩的时间也只有短短的十几分钟；晚上如果要加班，通常要9点以后才能回家，到家后他已经睡着了。其实我心里更希望自由地去陪伴他，而不是这样匆匆忙忙地完成手上工作后赶在他睡着前回到家里。其间发生的一件小事情，更让我下定决心要完整陪伴孩子的童年，可以在孩子有任何需要的时候，随时在他身边。

事情的经过是这样的：某天上班时，我接到了婆婆的电话，电

第二章 避免中年危机，提前做好职业规划

话那头，婆婆非常焦急地说小孩发烧了。婆婆在深圳帮我带孩子，因为讲的是客家话，在外无法用普通话和他人交流，去医院也不懂挂号、拿药等流程，无法独自带小孩去看医生，那个时候我先生也在出差，我只能马上请假从公司回到家里。整个交通过程需要一个多小时，我在路途中一直想着孩子的状态，有没有烧得很严重，等等，那一刻我对可以自由陪伴他的渴望越来越强了。我非常清楚地知道，10年之后，我不再想要过朝九晚六的职场生活了，未来我可能是一名自由职业者，这是非常清晰的一个画面，也正是因为有了这个画面，促使我在业余时间，无论多困难都会把自己喜欢的事情做好。

在我刚开始做生涯规划的第一年，业余时间都是在做咨询和课程，基本上没有时间陪伴孩子，家人也不太理解，为什么上班时间这么忙了，业余时间也不陪陪孩子，而是在继续做其他工作。这种短暂的牺牲确实给我带来一些愧疚感，但是我心里非常明白，这样的付出，其实是为了早日实现我想要自由陪伴孩子的这个梦想，梦想画面给了我极大的驱动力和行动力去完成我的事业。

另外，构建自己10年后的理想画面，不仅有助于帮助你看清自己内心真正的愿望，也能帮助你改变过去对自己职业规划的一些错误认知。

有一名学员对我说，他的职业规划就是成为CFO（首席财务

官），用 5 年时间达到首席财务官的这个位置，因为他现在做着财务管理的工作。他理所当然地认为，所谓的生涯规划就是在目前的轨迹上，在现有专业的基础和领域上线性发展，几年之后升到某一个位置上，就是一个合情合理的目标了。

我一开始没有给予他这个目标任何的评价和引导，只是尝试去深入挖掘他的内心动力和价值观，才发现他想要的生活，其实并不是这个职位能够给他的。我是通过他描述自己 5 年之后的理想画面察觉到的。他说，自己的理想画面就是有一笔稳定的备用金可以支持家庭的经济需求，有一份稳定的工作，最好是有双休不用加班的那种，然后有足够的时间来陪伴家人，他不希望工作之余，没有任何的时间去陪伴家人，也不希望工作是在高竞争、高压力的情境下完成的。我问：你觉得在 5 年之后达成 CFO 这个职业规划目标，能够满足你内心勾勒的这个未来理想状态吗？他突然有所醒悟，摇摇头说：不能！因为他觉得当了 CFO 之后可能会更忙，并且身上的责任和压力也会越来越大，到时候也许就没有时间去陪伴他的家人了，这不是他希望的样子。

他接着说，自己从来没有想过，原来真正的人生规划跟他之前所理解的职业规划是不同的，他以为自己在职场上的目标就是做 CFO，但其实这几年他在职场和工作上的进展，并不太顺利，并且内心越来越缺乏动力，他一直都不知道原因是什么。他非常感谢我给他的关于自己人生转折的重大启发，不然他可能会一直沿着过去自己设定的目标走下去，以至于可能走到了终点才会发现，那不是自己想要的。这样其实会走很多弯路，浪费很多时间和精力。

构建理想生活的画面是为了帮助你澄清自己的人生价值观，真正的职业生涯规划并不是为了使自己满足他人的期待和社会的评价，不是要活成外人看到的多么优秀的样子，而是要活出自己心目中真正想要活成的样子。很多人对职业规划的认知在于，以为只是给自己目前的职业设定一个目标就够了，其实职业规划应该是在一个大的人生规划框架下去设定一个小的目标。真正的人生规划，一定基于自己的人生观和价值观，跳出你现在的环境，站在更高的维度去思考你的人生课题，再回到当下做出规划。

3. 回到当下，设定靠近梦想画面的具体行动

如果实在很难画出你未来的样子，你也可以用文字描述出未来一天及一星期的生活是什么样子，越详细越好，比如，未来的职业、生活状态、经济状况、兴趣、家庭、休闲活动等。你用文字描述的过程，其实也是一个梳理你自己内心的过程，你会清楚地看到你真正向往的生活是什么样子的。很多人从来没想过这个问题。

写完之后再来看一下未来和你目前的处境有什么样的差距，这些差距促使你可以在当下做点儿什么，然后一点一点地去完善和缩小与梦想之间的距离。

回到刚刚那名学员的例子，他告诉我其实他原本对于现在的工作是有很多不满情绪的，但是当他描述出10年之后的理想画面之后，他发现目前的工作是完全可以满足后两项的——稳定的工作，以及有很多时间可以陪伴家人。唯一的不足就是第一项，在经济方面是没有办法满足的，所以他一直觉得要获得更高的职位，才能够赚到更多的钱。我问了他一个问题：假如这份工作本身可以满足你有稳定工作和陪伴家人这两个理想的要素，那你的第一个要素有没有办法通过其他的方式去实现，而不是要牺牲更多的时间，或者是额外增加你工作的压力。

他说自己曾了解过理财，也许可以把理财这件事情发展起来，用业余时间培养一个新的兴趣，而且这个兴趣还可以给他带来长远的价值和意义，帮助他完成这个梦想。实际上他并不是那种特别喜欢跟人打交道的人，所以也无意要往更高的职位发展，不想去承担更大的管理职责，在当下也许可以朝理财这个方向去实践，因为理财跟他的财务工作也有很多相通的东西，比如，对数字的敏感，等等。

4. 用喜欢的方式达到理想状态

你完全可以用自己喜欢的方式去达到你的理想状态，而不是用世俗定义的成功去过你的人生。

用构建蓝图的方式去达到未来的高维度，当你有了清晰的画面再回到当下时，你会发现其实你是站在高维度来解决低维度的问题的。这样你就完全跳出了原来被束缚的那个生命版本，此时你的解决方案，也不再是平行维度上衍生出来的解决方案，而是为了更好地实现自己的梦想所衍生出来的答案，这个版本要比过去更加丰富了，并且不会让你不断陷入不同的问题之中。

从现在开始重新活出你的高阶版本人生吧。

你到底适合什么类型的职业

相信还有很多人，就像我过去的情况一样，做着自己的工作，拿着一份稳定的收入，但是动力已极度匮乏，甚至已经产生了厌倦心理。你可能在心里问自己：未来到底什么样的职业适合自己呢？这也是当时我接触生涯规划时想要弄明白的人生课题。

1. 找到你真正喜欢的活法

生涯规划解决的到底是一个什么样的问题呢？

生涯规划就是通过一系列的正式评估和非正式评估来帮助你找到自己的热情和天赋所在，以及未来适合自己的大致职业方向，简单来说就是帮你发现梦、找到路的过程。在这个咨询的过程里有一个很重要的工具，叫霍兰德测评（约翰·霍兰德是美国约翰·霍普金斯大学心理学教授，美国著名的职业指导专家。他于1959年提出了具有广泛社会影响的人业互择理论。这一理论首先根据劳动者的心理素质和择业倾向，将劳动者划分为6种基本类型，相应的职业也划分为6种类型：霍兰德职业选择理论，实质在于劳动者与职业的相互适应）。

我当时通过这样一个测评方式发现自己的主代码原来是社交型，喜欢影响和帮助他人，适合从事教育培训等方向的工作。

霍兰德有一个非常著名的名为"兴趣岛"的小游戏，我们可以通过这个小游戏来探索职业兴趣。

以下会有6个兴趣岛（分别用代码表示），假如你一辈子只能去一个岛上生活，你会选择哪个岛？为什么？

R岛，自然原始的岛屿。这个岛上自然生态良好，有各种野生动植物。居民以手工见长，自己种植花果蔬菜，修缮房屋，打造器物，制作工具，喜欢户外运动。

缺点是岛上人人都闷头干活，沟通交流不多。

I岛，深思冥想的岛屿。这个岛也是一个思想家的岛，这里有多处图书馆、科技馆和博物馆。居民喜欢观察、学习、分析思考、崇尚和追求真知，常有机会和来自各地的哲学家、科学家、心理学家等交换心得。

缺点是这是一群打破砂锅问到底的人，是关注终极问题的思考者，很少能享受到一些"庸俗"的快乐。他们也是一群批判性思维极强的人，和I岛类型的人打交道，你的观点和言论可能随时会被质疑，让你做出更进一步解释。放心，他们不是不尊重你，故意和你作对，相反是他们的批判性思维在发挥作用。

A岛，美丽浪漫的岛屿。这里有美术馆、音乐厅、酒吧、街头雕塑，还有街头艺人，弥漫着浓厚的文化艺术气息。居民喜欢舞蹈、音乐与绘画，天性浪漫热情。许多文艺界的朋友都喜欢来这里寻找灵感。

缺点是严重缺乏条理性和逻辑性。

S岛，友善亲切的岛屿。这里的居民个性温和、友善、乐于助人。岛上的人们建立了一个密切互动的服务网络。人们重视互助合作，重视教育，关怀他人，充满人文气息。

缺点是这里的人们过于温暖平和，他们经常被认为缺乏竞争意识和无原则。他们是讨好型人格，希望人际关系和谐，回避冲突，所以会迁就他人，但往往会忽略自己内心的感受。

E岛，这是个富裕的岛。居民擅长企业经营和贸易，能言善辩；经济高速发展，处处是高级饭店、俱乐部、高尔夫球场。来往者多是企业家、经理人、政治家、律师等。

缺点是这里的人们高竞争、快节奏、高压力，很少有人能把工作与生活保持平衡。

C岛，是一个现代且井然有序的岛。岛上都是高科技建筑，很现代，是进步的都市形态，以完善的户政管理、地政管理、金融管理见长。岛民个性冷静保守，处事有条不紊，善于组织规划，细心高效。

缺点是这里人们的生活如此稳定，以至于所有可能发生的事情都有了规定，他们只要翻本子对照就行。

看完这6个岛，请你在笔记本上默默回答以下5个问题。

- 选出一个你最想去的岛，并写下你的登岛宣言。
- 你会在这里做哪三件事？（如：栽花种草、看星星……）
- 按喜欢程度从高到低排出3个岛屿的字母代码。
- 你目前工作的氛围与哪个岛上的相似？

- 你最不喜欢的岛是哪一个？为什么？

写完前 3 个问题的答案，你脸上会出现幸福的笑容，仿佛只要过上这样的岛屿生活，人生就没有遗憾，幸福感满满。

你最喜欢的岛屿和想在这个岛屿做的一些事情，代表的其实就是你向往的职业方向，如果你第 4 个问题的答案，即目前工作的内容和你最喜欢的岛屿风格代码是一致的，那你对现在的职业应该是非常满意的。

假如你现在的工作内容和你喜欢的兴趣岛风格不一致，就需要去思考你自己的长远职业规划了。第 5 个问题，问的其实就是你最不喜欢的工作的风格是怎样的，在选择职业或者转型的时候，你可能会避开这个岛屿，因为在这个岛屿上发展会让你很痛苦，别人可能只需要花 60 分的力气就能够达成 100 分的结果，但你是相反的，用 100 分的力气只能达到 60 分的效果。因为你的内心对它是没有热情和动力的，所以越往上走，需要一步步突破你的能力极限的时候，你在潜意识里是抗拒的，在不热爱的领域想要做到出色，一定加上了让自己万分痛苦的感受。并且你要跟对这个领域非常有热情的人去竞争，他们很明显能比你更加享受，也更容易做出出色的成果。

带大家探索兴趣岛有什么意义呢？就是为了让你发现自己内心最喜欢的生活方式和风格是什么样的。

比如，A型岛上的人非常喜欢自由，不喜欢被约束，他们天马行空，充满想象力，很浪漫，他们喜欢的工作有：写作、艺术创作、表演等。但如果让他们天天坐在办公室做表格，按照规章制度办事，那是很折磨人的。

同样，一名C型岛上的人比较传统，生活井然有序，如果你把他们放在一个多变和竞争力很大的环境里，他们也是非常没有安全感的，没办法好好发挥自己的优势，并且他们厌恶变化，不喜欢做过多的创新，稳定而有秩序的生活才是他们所追求的。他们喜欢在别人的领导下工作，喜欢稳定而程序化的工作内容，如会计、行政等工作。

2. 完美的职业需要结合兴趣、优势、价值三个要素

兴趣岛只是从兴趣出发来看你理想的工作和生活是什么样的。但我们要寻找可以发展为自己终生事业的方向，仅从兴趣的维度出发，显然是无力的，我们还需要考虑在这个方向上自己有没有优势，以及能不能够创造价值。

价值维度还有一个很重要的点：这个方向一旦变成你的职业，是不是你想要的？或者你只是单纯喜欢，把它当作消遣罢了？比如，同样喜欢玩游戏，如果你觉得游戏是可以发展成自己的事业，那你在玩游戏的过程中，对游戏开发，以及游戏各环节的设置都会非常

感兴趣，未来可以考虑游戏开发的工作，去做那个制订游戏规则的人；但是另外一个人喜欢玩游戏，只是把游戏当作一种消遣和娱乐，并不想把它发展成自己的事业，所以单纯的消遣和想要把它发展成一个养活自己的事业是有区别的。

我再举个自己的例子。我喜欢做好吃的菜，也喜欢指导他人，这两件事情都是我喜欢做的。那么做菜和教育都满足了我兴趣的这个维度。

那从优势这个维度来看，我做的菜也可受到认可，获得很多好评，指导他人同样也有很好的反馈，这说明我也具备这两个方向的优势。

那我们再看最后一个价值维度：把它们发展成职业是不是我想要的？对于做菜来说，如果未来要做一名厨师或者开一家自己掌厨的私房菜馆，甚至就算是教别人做菜，分享菜谱，我都没有兴趣；但指导他人我想想都很激动和开心。所以在第三个维度来看，做菜很明显不是我未来想要的事业方向，也不希望在这个方向获得长远的价值反馈，这个兴趣爱好，只需要满足在空闲时给亲近的家人和好友下厨这个场景。

看到这里有一点儿感觉了吗？

霍兰德测评是一整套的正式评估，是用分数统计出来的，是根据分数高低来评估的。但有的学员就算做完了霍兰德测评，发现几个代码分数很接近，此时会疑惑自己的首位职业倾向代码到底是什么。

别着急，正式评估既然只是个工具，那就说明只能作为辅助，它不会说话，也不可能告诉你为什么会出现这样的结果，这个时候，我们就要用非正式问题评估的方式去进一步确认。**要明白，测评结果背后的人比工具更重要。**

关于非正式评估问题，我给大家做一个示范，你们也可以把崇拜换成喜欢或擅长两字，给自己来一场自我对话。

- 你最崇拜的3个人是谁？
- 为什么崇拜他们？
- 他们像哪个代码（兴趣岛代码）？

你崇拜的人身上的那些令你欣赏的特点，正是你未来想拥有的特点，这些特质像哪个代码，你就能推测出自己的主要代码。但要注意的是，在问问题的时候，我们一定不能停留在表面，而是要去深挖问题背后那个深层的点。

比如，你喜欢喝茶，我会问你为什么喜欢喝茶，你喜欢喝茶的哪个环节，为什么这个环节会让你喜欢？这个过程中最有价值的点是什么？一步步地找到问题背后的点去分析。

有一名学员告诉我她喜欢培训工作，一般人听到这里，是不是会觉得她可能是 S 岛社交型的人，喜欢并擅长与人沟通。但继续深挖，问她喜欢培训工作的哪个部分的内容，她说喜欢做 PPT（幻灯片），这个过程最让她着迷，到这里，大家会发现她可能是 A 岛艺术型的（如果她更注重视觉呈现的美感）或 R 岛操作型的（更注重用数据、导图等方式，享受做 PPT 的过程），但不是偏培训教育做讲师的社交型的。

所以非正式问题的深挖很重要，这也是一次次直达你内心的灵魂拷问。

真正的答案其实存在于每一个人的身上，而不是咨询师创造出来的。

3. 副业刚需时代，什么时候适合开启副业呢

现在"副业刚需"这个词很火，大家都想要有自己的第二方案。但是也并不是每个人都适合在当下做副业，如果主业恰恰是你感兴趣并擅长的职业，盲目开启副业也可能会影响自己的主业，导致你失去主业上升期间给你带来的机会资源。

我根据自己和多个个案的经验，总结了三种适合考虑副业的主业情况，具体如下。

（1）目前工作在甜蜜区（指的是你既感兴趣，又擅长的工作），

那你80%的精力肯定要投在工作上，如此才能不断在自己喜欢的领域精进，以获得更多资源和机会。在工作得心应手的情况下，业余也可以花20%的时间去探索一下其他未知领域的感兴趣的事情，但不是为了要做副业，这个时候更多是在主业之外打开眼界，提升自己。

（2）目前的工作属于养家糊口类型的（指的是你擅长但不喜欢的职业，你需要它维持你的生活水平和给予经济保障），那么可以在业余时间发展爱好，小步快跑实现价值变现。我当时在业余时间做生涯咨询就属于这种情况，当时我的主业是自己擅长但并不热爱的工作。

也许你看到这里会好奇：招聘和生涯咨询同样都是和人打交道的工作，是不是都属于社交型呢？如果是，为什么我不喜欢做招聘工作？这里要回到我们刚才所说的兴趣代码，同样是跟人打交道的类型，有社交型S和企业型E，它们有什么区别呢？最大的区别在于S型的人，他们是不喜欢高竞争和高压力的，他们喜欢的是和谐的人际关系，不喜欢解决人际冲突，以及不断拓展新的人际关系，等等。但是E企业型的人喜欢高挑战，享受高竞争和高压力，在职业倾向上，销售、高管、律师、企业家都在这个阵营，他们喜欢挑战，对解决人际冲突也不会感到有压力。招聘虽然是人力资源管理中的一个板块，但是它更类似销售，它需要去拓展更多新的招聘渠道，培养新的候选人，等等。所以，在之前说到的对于通过电话不断联系和拓展陌生人的环节，我是不喜欢的，而在电话中跟人具体沟通的环节，其实属于更和谐和无压力的社交型交际。

（3）如果你主业的空余时间很多，比如，你在事业单位、稳定的大公司等，周末和平时下班都有很多时间，想把时间利用得更有价值，也是可以探索副业，把喜欢的事情"养大"的。另外，如果这个副业的方向跟你的主业还有相关性的话，则还会和主业相辅相成，相互提升。

暂时不宜考虑副业的情况有以下三种。

（1）**还在职场生存期，没办法养活自己**。这种情况多见于刚毕业的大学生中，这个时候你需要先把主业做好。如果你没有在一开始就选择喜欢的职业，这个时候不妨先把自己的核心工作技能锻炼出来，让自己有在社会环境中生存下来的能力。

（2）**刚换工作，进入新岗位**。这个时候你应该花更多的时间去适应和磨合这个新工作，而不是朝三暮四，这个工作还没做好就要分心兼职做副业，最后有可能会造成主业和副业都没办法做好的后果。

（3）**在主业中尚未锻炼出核心能力**。很多底层的一些基本能力是你在任何工作里都需要的，因为以后在做自己喜欢的事情时，也需要这种能力来支撑，这种情况下，可以在主业中不断地精进和优化能力，形成自己的核心竞争力后再考虑副业。

很多人问：老师，我怎么才能知道自己到底有没有核心竞争力呢？

可以通过梳理成就事件的方法去看看你职场中的高光事件，在这些事件中提炼出自己具备的核心工作技能，继而刻意练习，直至变成你身上无可替代和移除的才干优势。

4. 副业存在的 5 种方式，你适合哪种

大家比较关心自己到底适合哪个副业方向，我们在做职业决策之前，先来看看大多数人正在做的副业形式有哪些。以下列举了 5 种副业的方式，如果你想到其他的一些形式也可以自行补充。

（1）技能变现。这里所说的技能变现，是指你在工作中擅长的，或者是生活中一个优势的技能。比如，你可能在主业中是一名设计师，那么你的副业就可以是帮别人做一张海报，做一个设计，以此来赚取相应的一项费用。

所以技能变现的含义，指的是单次服务的变现，也就是用你的某种技能做兼职变现。

从这点切入就非常简单了，你工作中擅长的任意一个技能都可以拿出来变现，比如说你擅长做 PPT，擅长做设计，擅长写文案，

擅长拍视频（可以自己拍，也可以帮他人拍），这些都属于你的专长，可以作为切入副业的一个初步定位，至于能不能成功，就要看你的实际行动和外界给你的反馈了。

（2）微商卖货。有些人特别喜欢卖实体产品来获得成就感，客户对产品的认可实际上也是对你的选品和人品的认可，这类属于微商。因为有学员说，自己就是喜欢卖实物产品，不喜欢走知识付费和教育的方向，他们可以选择做微商。对微商来说，选品和文案能力非常重要，前期最好进入一个自己认可的平台和团队，要深入了解优秀的微商团队都是如何运作的。

（3）社群运营。也有人并不想让自己成为一个知名的意见领袖，他们比较喜欢做幕后工作，比如，运营、策划等，更喜欢服务他人，所以他们可以选择去给意见领袖服务，帮意见领袖做社群的运营，一开始可能是公益的，到后期也会有收入，而且社群运营做得好，也是一项颇具优势的能力，可以跟这个意见领袖一起开发社群运营的课程产品，或衍生出其他合作方式，等等。

如果在主业中你比较擅长用户运营、活动运营等模块，那么在业余时间选择做这个方向的副业就更有优势了。现在很多社群有助教或社群运营官的设置，其实都是社群运营的副业模式。

（4）写作变现。有助于写作变现的新媒体平台载体是非常多的，比如，今日头条、百家号、公众号等。这个模式非常适合平时喜欢写点儿东西、文字功底还不错的人。这个方向不一定需要你多有文采，如果你平时就非常喜欢分享和表达，这是一个很好的副业切入方式。还有一部分人会每日更新公众号里的内容，在前期没有任何变现时，要精进自己的写作能力，这个过程，也是间接打造你个人品牌的过程，可以为后期获得更多资源做好铺垫和准备。

（5）个人品牌方向。这里讲的个人品牌，是以咨询教学为方向的，因为要形成个人品牌影响力，一定需要通过文字分享或者课程教学等方式，让他人对你的名字和标签定位产生信任和深刻印象，进而产生真正的品牌效应。

前面第1种技能变现，也可以往这个方向去发展，以此来打造自己的IP（知识产权）。比如，心理咨询师、生涯规划师、目标管理导师、视觉引导师等，如果你喜欢分享，以及喜欢教导他人带来的成就感，都可以持续输出自己的文字、视频、课程等，通过这种方式一步步建立和扩展个人影响力。

不知道自己喜欢什么，怎么办

看到这个标题你可能会有一丝困惑，还有人会不知道自己喜欢什么吗？有，而且非常多，至于造成不知道自己喜欢什么的原因，我们在第一章原生家庭的部分已经详细讲过。这类人的欲望往往是被压制了的，他们听父母及身边人的意见，被外界环境推着走，渐渐地忘记了自己喜欢的事情到底是什么，陷入了一种麻木的状态，即便有一些小的想法，也没有办法从内心"破土而出"，更别说去实践它了。

我们的霍兰德兴趣测试或者市面上其他各类的测评都是在基于学员知道自己喜欢什么的基础上做的，结果也会帮助他们找到一些自己喜欢的大方向，但是很多人依然不知道自己具体喜欢什么。

1. 3种唤醒你内心热情的方式

这里我给大家分享3种方法：**行为记录法、成就事件法以及反向思考法来唤醒自己曾经的热情。**

（1）行为记录法。 我曾经给一名学员做过一对一辅导，她有两个很喜欢的职业方向，一个是心理咨询师，一个是美妆穿搭顾问。她其实是很想往心理咨询师这个方向发展的，几年前就考了证书，但是一直不敢给别人做咨询，她觉得自己内心有所恐惧，一直没做好准备，自身也不够优秀，所以没踏出关键的那一步。我问她：这么多年没踏出那一步，为什么还想走这条路呢，你内心真喜欢这个方向吗？她说她觉得自己是喜欢的，一直想往这个方向发展。我接着问她有什么障碍影响了进一步的行动，她说总觉得自己不够专业，怕辜负了来访者的期待。然后我没有继续在这个问题上深究，而是问她平时是否会经常看心理咨询类的文章和书。她说不怎么看。我问她平时不自觉地看得最多的信息是哪类，她说是美妆穿搭。然后我问了她最后一个很重要的问题：如果让你给别人分享这块内容，或者指导别人美妆穿搭，你会因害怕辜负他们的信任而不敢踏出这一步吗？她说：不会呀，我会超级开心的。说完后她猛然醒悟，自己找到症结了，解除了想当心理咨询师的执念，决定先往美妆穿搭这个方向去发展。

所以，有时你以为你喜欢的，可能往往并没有那么喜欢，这里有一个假性喜欢的概念，也就是很多人会沿着一个既定的方向去思考自己喜欢什么，比如，考了某个证书，就会理所当然地觉得自己是喜欢这个方向的，会想往这个方向去发展。又比如，在一个行业里面工作了很多年，就会理所当然地认为自己对这个职业是喜欢的。其实很多时候这只是一种认知和行为上的惯性，内心真正喜不喜欢，还是需要认真去做自我探索的。通过记录行为的方式，可以察觉到自己每天会不自觉地关注哪个方向的内容，因为你的时间花在哪里，注意力花在了哪里，是能被看见的，而这里就藏着你真正的热情。

真正的喜欢是藏不住的，它会透过很多细节流露出来。就像一个人喜欢另一个人，你再怎么遮遮掩掩，它依然会有所表现，如果没有任何细节表现，其实不是真正的喜欢，因为它无法触动你做出一点点行为上的表现。

（2）成就事件法。在纸上写出最让你有成就感的三件事（这三件事不限时间，也不限内容，可以是你能想到的最深刻的事件），写下来之后，让身边的小伙伴帮你看看，他们能在这三件事里看到你有什么样的闪光点，他们会问你是怎么做到的，然后让你表现得非常兴奋，甚至让你眉飞色舞的那件事就是你真正的热情所在。

如果你把一件事做得很到位，当你再去描述这件事情的过程时，你会非常兴奋，非常开心，这就是你在你的优势里找到了你的热情所在。你还可以尝试在擅长的事情上再深度挖掘：自己喜欢和不喜欢的部分分别是什么。

反过来讲，你绝对不喜欢那些你一点儿都不擅长也没有想要深入钻研的事情。

我们一直强调要找准自己的定位，并不是说一开始就让你向外看，去看市场上符合你的定位，而是要寻找存在于自己心中的真正

热爱的东西,但你如果先从自己擅长的事情入手,也同样有机会发现自己真正有激情的事情。

(3) 反向思考法。还有一些学员说:虽然我不知道自己喜欢什么,但是我知道自己不喜欢什么。其实我们也可以从这个点切入。我们不喜欢做某件事情,会不会这件事情的反面是我们喜欢的呢?比如,你抱怨目前这样循规蹈矩的日子,对每天没有任何变化的工作非常厌倦,那你会不会是喜欢一些有新意的、需要发挥创意和自由空间的工作呢?当你知道了这一点并从这个方向去思考的时候,不妨去了解或接触一些有关霍兰德 A 岛方面的工作内容,依此打开自己的眼界,尝试挖掘自己真正的兴趣。

你说你不喜欢做销售工作,实在是太累了,每天都要跟不同的人打交道,那你现在做的是不是一个充满竞争压力的人际拓展方面的 E 岛型企业的工作呢?反过来讲你可能只是希望能进行正常的沟通交流,不希望有这么多新的拓展工作,那是不是做培训或者做老师可能是你感兴趣的方向呢?

当你明确地知道自己不喜欢做什么的时候,尝试问一下自己为什么不喜欢这件事情,以及做这件事情给你带来了什么样的感受;反过来,当你喜欢给你带来某种感受的工作时,可以去看看符合这些工作内容的职业有哪些。

2. 先天没有兴趣，可以创造出兴趣

有学员就是不知道自己喜欢什么，而且在深入挖掘之后发现自己还是没有什么特别感兴趣的事情。这个时候我们可以尝试创造出自己的兴趣，而不是被动地挖掘内心已经干涸的井。

所以，我把一个人的喜欢分成自然喜欢和被动喜欢，如图2-1所示。自然喜欢就是那些不用寻找，你一做就很开心、很兴奋的感觉，它是感官层面的，你可以一直精进它直至将其变成志趣（感官兴趣—自觉兴趣—志趣）；被动喜欢是投入资源和精力到你正在做的事情中，通过学习慢慢被发掘出来的感觉。

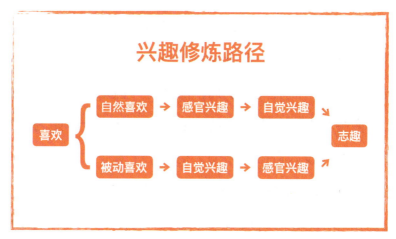

图 2-1　兴趣修炼路径

就像感情里的一见钟情和日久生情两种模式。一见钟情就是我

们一看到这个人或触碰到这件事情就马上产生了火花。一见钟情来得很快，它能让我们快速确认对这个人和这件事情要不要继续投入，要不要尝试继续走下去；日久生情，则是指一开始谈不上喜欢或不喜欢的感觉，但是现在我们可能需要跟这个人一起工作很久，或者跟这件事情相处很久，或者因为做其他事情不得不接触眼前的这个人或这件事，但后面在接触的过程中，竟然深陷其中，从而发展出了新的志趣。

我在 2017 年前是不看书的，一年看不了一本书，也不喜欢看书。后来觉得养成阅读习惯比较有益，所以就加入了一个"不读书打卡就扣押金"的社群，坚持了 21 天之后，我居然发现自己爱上了阅读，从此不用外力督促我也会自己看书了。类似的例子你们肯定还能想得到，比如健身，可能很多人一开始根本就谈不上喜欢，只是觉得有益身心，然后开始了痛苦的坚持，但是到最后能坚持下去的人，大多会爱上这件事。这就是从自觉兴趣（一开始为了某种目的，继而接触和投入自己的精力）衍变出了真正的喜欢和热爱（感官兴趣），最后可能还会以此发展出自己的志趣（把这个兴趣变成了自己的事业）。比如，从为了身心健康开始健身，到发现爱上健身，然后做了健身教练甚至开了工作室，等等。这和两个人日久生情走入婚姻殿堂后相守一生是同样的道理。

3. 打开眼界，增大体验面，才能知道自己真正喜欢的是什么

前面说到我通过职业生涯规划探索才发现了自己的 S 岛社交型职业倾向，发现自己喜欢指导和帮助他人，适合教育方向。但是过去由于对教师片面的认知让我抗拒这个职业，觉得老师就是很稳定地过着一眼看到头的生活，一辈子站在讲台上，讲多次重复过的内容。

我没有想到，原来做教育还有另外一种形式，我可以通过在线上或是线下自由地去做分享，通过课程甚至写书的方式去影响和帮助别人。原来老师这个职业设定有很多种表现形式，但是在我之前的眼界里就只有一种形式，它限制了我对这个事业的想象和拓展的空间，导致我在毕业后的五六年时间里，从来没有想过以后会从事教育事业。所以，认知和见识的局限会极大地束缚你的梦想蓝图，甚至让你没办法描绘出这个蓝图。

我成为生涯规划师的前提是我养成了大量阅读的习惯，这让我接触到了这个职业，进一步学习时才彻底打开了我的新世界，否则我大概永远也不知道自己还能从事这样的职业，也不知道世界上还存在着这样一种职业。

所以，你不想做的某个职业，也许是因为你没打开眼界，不知道它还有其他的实现形式。

打开自己的眼界，增大体验面，要进入相应的圈子去感受、去实践，你才能知道自己真正喜欢的是什么。如果你只在岸上看别人游泳，你是永远学不会游泳的。

4. 让喜欢的事情持续下去，创造正向反馈才是关键

也许有人会问：为什么自己原本喜欢的事情到后来却没办法继续了呢？这里有一个很关键的点——正向反馈。你在做自己喜欢的事时，如果没有等到正向反馈，你可能很快对自己或正在做的这件事失去信心，从而没有了继续做的动力。

很多人都觉得自己是缺乏耐心和毅力的一个人，因为他们发现自己对很多事情只有三分钟热度。但是请相信我，三分钟热度和拖延症都只是相对的，你曾放弃对某些事情的坚持，是因为你没有获得一些正向的反馈，以至于你不想为它投入更多的时间和精力。

我在学完生涯规划师课程的当天就开启了公益咨询，这也是我为自己创造正向反馈的一种方式，正是因为那些公益咨询的用户给了我认可和反馈，我才得以在这条路上越走越远。还有很多人尽管在这个方向上做着自己喜欢的事情，但却没有得到别人的反馈，他们自己也不去创造正向反馈，比如，一些生涯规划师也考了这个证书，但是过去了几年都没有勇气去寻求外界的反馈，当然这里面有更深层次的原因。为什么不敢踏出这一步，可能是心理因素限制，

第二章
避免中年危机，提前做好职业规划

也可能是自己在这个方向上其实是没有优势和天赋的。这些都深深地限制了其进一步的行动。

还有人一直停留在询问别人意见的阶段，或者是询问咨询师，找到了这个方向，也学习了相应知识，但是依然不确定自己要不要去做，这个方向适不适合一直走下去。怎么办？期望获得一个确定的答案，但其实在这条路上没有人能够给你一个确定的结果，没有人能够告诉你，你找到了一个好的方向和适合的方向，就一定能成功，因为一个人能在一项事业上走到最后，是需要具备很多要素的，除了有热情和优势外，还需要在这个领域不断地去精进和获取反馈，创造一个又一个的成就事件，以此来推动你走到更高的位置，走到更远的地方。

所以，当你找到了初步的方向之后，一定要勇敢地迈出去，在实践过程中调整方向。生涯规划是一个动态变化的过程，并不是有了初步定位就会一成不变，如果你带着这种压力，反而会阻碍你前进的脚步。

所以送给大家第二句话，小步快跑，快速实践，利用正向反馈来验证，用行动代替决定。

找到自己喜欢又擅长的事情也需要一个探索的过程，你要不断地实践，别轻易放弃。

喜欢的事情太多,从哪里切入

和不知道自己喜欢什么的人相对比,还有一种人,他们的兴趣爱好非常多,却不知道哪一个才是适合自己的。这样的人也会非常迷茫,因为人的精力是有限的,如果你什么都想做好,又没有一个聚焦的切入点,结果可能就是任何领域你都没有办法做到出色,也无法让别人记住你是做什么的。

有人问我:我想在业余时间做个副业,但我不知道具体要做什么,而且我的兴趣也很多,但哪个才适合发展成事业呢?接下来我就谈谈如何解决这个问题。

1. 区分真假兴趣,挖掘出真正能让自己产生心流的事情

上节提到,有时我们自认为喜欢的事情可能并没有想象中的那么喜欢,为什么呢?一起来看看对真兴趣的定义:就是你不自觉地会花很多时间在上面,并且非常享受那个过程,忘记时间流逝的一种体验。我们把这样的过程体验称为心流,如图2-2所示。

> - 真兴趣：你总是会不自觉地花很多时间
> - 伪兴趣：3分钟热度，不想为它投入更多资源

图 2-2　如何区分真假兴趣

以我自己为例来说明心流体验是一种什么感觉。在与人沟通交流的时候，在做文字分享的时候，在阅读自己喜欢的书籍，提升自己的认知格局的时候，我感觉不到时间在流逝，有的时候一下子过去了几个小时而自己却没有发现，其实这已经是在体验心流的过程了。

伪兴趣就是那些你嚷嚷着喜欢，但实际上很快就没下文了，这叫三分钟热度（见图2-2）。三分钟热度背后有两个可能的原因，一是你其实没有那么喜欢，所以不愿意再继续为它投入更多精力和资源。二是你没有从这件事情上获得正向反馈，于是很快中断；但反过来讲，你之所以没有获得正向反馈，是因为这件事上可能你并不具备优势，你只是纯粹喜欢，但没有坚持践行，直至产生更多反馈。

究竟是什么原因，导致你没有能够把兴趣坚持下来呢？换个说法，你没有花更多的心思在这个兴趣上，一定是有原因的。之前我有个同行过来咨询我，问我是怎么在生涯规划师这行里面走得这么快的。因为她也考了这个证书，两年了，她没有做过一个咨询，但

是她告诉我她是喜欢生涯规划这个职业的。我去问她深层动力的时候，发现她没有迈出那一步，是因为她觉得自己的实力还不够，之前也不是做人力资源相关工作的，没有转型的优势，并且在这个过程中，她还经常怀疑自己，觉得自己不一定能够解决别人的问题。如果你有这种情况你一定要分清楚：你喜欢是因你真感兴趣，还是你只是因为之前做过这样的事情，内心觉得自己理所当然要往这条路上走，所以产生了假性的喜欢。没有把它进一步实践以获得反馈，还有可能说明你在这件事情上，是不具备天赋和优势的，所以要把它发展成自己的事业也是有难度的，它仅仅适合当你的爱好，在你迷茫的时候通过自己学到的生涯知识，帮助自己解决问题就可以了，并不一定要用它去帮助别人以达成自己的事业。

还有，你知道自己是喜欢指导和帮助别人的，但不一定是生涯规划的方向，有可能是在其他领域去帮助别人，执着于生涯方向也会导致你的兴趣没有办法持续下去，其实原因是细分领域出了问题，所以你要认真察觉对每一项兴趣的感受，以及有没有把它做下去的动力。我说的这个动力指的是内驱力，而不是靠你刻意的自律，如果一件事情需要你靠自律和毅力才能够坚持下去，那你在坚持的过程中一定会感受到痛苦，带着这种情绪，在这个方向上你也不一定能够走得更远，或者说做得更出色，因为完成它的过程更像是一个给自己制定的任务，而不是来自内心深处的热情。

2. 不赚钱，你依然想做的那件事是什么

要把喜欢的事发展成事业，还要考虑一个很重要的问题，那就是：如果不赚钱，你依然想做的那件事是什么？没错，你是为了赚钱才想工作的，但是如果你的初心是为了赚钱才去培养一个兴趣，一旦后期感觉疲惫或出现瓶颈，你会很快开始怀疑这个兴趣，极容易放弃，因为内心没有原动力，外界阻力一打击就容易破碎。

回顾我自己的经历，凡是为了赚钱去做一个职业，或者创业，我都没有强烈的幸福和满足感，也难以走到最后。比如，我之前的创业经历，并不是因为我非常喜欢和擅长做外贸才走入这个领域的，而是因为当时有朋友开工厂，我又看到身边有一些人做外贸很挣钱，理所当然地认为自己只要在这个领域努力了就一定能够赚钱；结果就是即使赚了钱，我心里也是非常焦虑和痛苦的，没有办法完全享受这个创业的过程，因为这个领域，我既不熟悉，也没有兴趣，更谈不上擅长。我每天都需要学新的东西，每个月都在为赚多少钱而烦恼，这并不是我想要的状态。

再比如，之前我的主业工作给了我一个稳定的收入，而且是我自己觉得还不错的收入，但是我内心仍然不满足，因为真的没有热情和动力。物质条件有时候看起来很重要，但其实并没有那么重要，

因为在你达成成果的那一刻,你就会去思考有没有满足自己的精神需求,有没有实现你想要的自我价值。这就是很多人到了中年,明明在职场上已经得到了很高的位置,却依然觉得心里非常空虚,想要转行做自己真正喜欢的事情的原因。

我在找到生涯规划这个方向之后,开始在业余时间做大量的咨询,尽管刚开始没有收入,或者需要付出极大的精力才能获得低微的收入,但是我仍然非常享受那个过程。指导他人或者帮助别人解决问题,这件事在我看来即使不赚钱,我也是愿意去做的,并且在这个过程中还会得到极大的满足感,以至于不会感受到时间的流逝,所以赚钱只是顺其自然的结果,而不是我一开始就设定了自己能靠这个职业赚多少钱。

我在2017年左右开始分享朋友圈,当时并没有想太多,只是看了书之后很喜欢把自己的感悟和观点分享在朋友圈里,想不到分享朋友圈这件事情,后来给我带来了超过主业的收入,无意间还打造了自己的个人品牌。这种情况下,收入只是一个结果的呈现,它只是我把事情做对了的结果,而不是一开始我去追寻的目标。

认真思考一下:即使不赚钱,你还愿意去做的那件事情是什么?它也许是你真正的热情所在,会让你在漫长的人生里,不会因为外在的诱惑和收入的不稳定而动摇你的热情，因为你在完成这件事情的过程中就已经获得了你最大的财富——自我价值的肯定和实现，有了满满的幸福感；在这个过程中再衍生出自己的作品或产品，你想要的物质结果就会实现。财富、地位、声望……这些都只是你在做自己热爱的事情过程中所产生的附属品。

3. 漏斗筛选法，让你看到你内心真正在意的东西

在做工作选择的时候，很多人是非常纠结的，因为做一个选择会涉及非常多的要素，而且每个要素看起来都很重要。那如何才能知道自己做了一个更符合当下内心的选择呢？其实只要是做选择，就会涉及一个核心价值观的问题。我们从一堆自己在意的要素里面筛选出最核心的、最在意的那个要素，这个核心的需求就是我们当下选择的一个标准，它也许未来会发生变化，但是在当下却能够帮助你做出更加满意的决策。

分享一下漏斗筛选法。图2-3列举了漏斗筛选法的三个用途。事实上这个方法你在任何情况下都可以用。如果你厘清楚了你真正的核心价值需求是什么，那么你在选工作机会时就会注重满足这个核心需求，从而提高你的工作幸福感及满意度；在生活中，你会发现内心真正在意的是什么，也知道应该把哪个兴趣发展成事业。

- 工作 → 厘清你真正核心的价值需求
- 生活 → 此刻你内心真正在意的是什么
- 兴趣 → 你真正想把哪个兴趣发展成事业

图 2-3 漏斗筛选法的意义

有一名学员在做职业核心要素筛选之前（见图 2-4），主观上以为自己是在选择一个工作，最在意的肯定是经济报酬，因为她觉得收入很重要，但她在做筛选的过程中发现，最后剩下的核心价值观居然不是经济报酬，而是平衡生活（按照她的定义，是家庭平衡的需求）。她当下刚好在两份工作当中纠结，A 工作经济报酬很高，但是工作时间很长，会使她牺牲一些陪伴家人的时间；而 B 工作经济报酬比 A 低，但是陪伴家人的时间更充足。这种情况下，当她发现了自己的核心价值观是平衡家庭之后，她毫不犹豫地选了 B 工作。

图 2-4 职业核心要素筛选

第二章
避免中年危机，提前做好职业规划

没有最完美的选择，只有当下最合适的选择。 很多人在不知道自己内心深处的想法时，会根据外界的因素来做一个决策。比如，以上那名学员纠结的问题，可能大部分人都会劝她去选收入比较高的那份工作，只有她自己知道，自己对家庭平衡的在意超过了经济报酬这个要素。如果没有做这样一个漏斗筛选法，她可能一直无法坚定自己内心的想法，会在几个角色当中摇摆不定，最后听从了外界的建议而选择了第一份工作，然后又会陷入下一轮的迷茫和瓶颈之中。实际上这种迷茫是可以在一开始就避免的。

同理，如果你有很多个兴趣，我们也可以用这个筛选法来帮你做选择，如图 2-5 所示。筛选的标准是：如果让你 10 年之后以它为事业，你会剩下哪个？

兴趣很多？试试筛选法

做饭菜、做手账、摄影
旅游、做生涯咨询、画画、聊天
……

保留三个：☐ ☐ ☐
保留一个：☐

图 2-5 兴趣很多时如何筛选

4. 不必二选一，试试结合法

用了筛选法，部分人会产生一个新的问题：筛选到最后，剩下两三项是自己没有办法割舍的，特别是只剩最后两项的时候，哪一项都不愿放弃。这个时候怎么办呢？其实我们可以把二者结合起来，不是非要做二选一的决策，就像事业和家庭一样，你不是非得选择事业或者选择家庭，也许你可以找一个平衡事业和家庭的方式，两者都兼顾。成功者不会只考虑二选一，而是会思考如何用更多的资源，以更优的方式去兼顾他们想要的。

有一名学员，她在手账和旅行这两个兴趣里非常纠结，觉得这两个她都很喜欢。我问她：把两者结合起来怎样？她灵光一闪，拍了一下手，说："对呀。我怎么没想到把它们结合起来呢，我可以通过画旅行手账的方式，把自己走过的地方，看过的风景，都体现在自己的手账里面。"你看，这个过程里面，手账反而成了她展现旅行的最好表现形式，这就把两者都兼顾起来了，还可能会创造出一个新的方向标签，也会吸引更多对旅行以及手账感兴趣的人。

比如写作和旅行，是你割舍不下的两个兴趣，把它们结合起来空间就更大了，你可以通过写旅行文章的方式，摇身一变成为一名旅游博主，让大家通过你的文字跟着你的脚步去世界各地。把你的兴趣结合起来，可能会创造出一个让你惊喜的事业方向。

5. 价值排序法,锁定一个切入点

当我们觉得自己的兴趣有很多的时候,不妨把一个个兴趣拆分来看,分析在每一个兴趣里面你对它的时间投入度,以及投入的学习资源和金钱有多少,每个兴趣是否产生了一样多的价值反馈。此时你也许会发现其中某一个兴趣是获得价值反馈最多的,也是你最有成就感的。你可以从这个最有优势的兴趣切入。

我们用一张表格来评估每项兴趣的价值反馈,你可以在纸上画出如图 2-6 所示的表格,然后把你的兴趣都放在左列。

兴趣项	投入时间	投入金钱	幸福感	价值		总分	排序
				市场需求	他人认可		
教育							
做菜							
唱歌							

图 2-6 价值排序法

纵向是你不同的兴趣选项,横向有 4 个要素:你愿意投入的时间、金钱,你获得的幸福感与价值反馈。以 1~10 分为范围,给每项兴趣对应的要素打一个分数,比如,如果你愿意给时间投入打 8 分,那么金钱可以占几分?那价值这一块,我分成了两个要素:一

个是市场需求程度；另一个是你做这件事时获得他人认可的程度。

从市场需求要素的角度看，如果把你这个兴趣放到市场和用户群里面，是否有一个群体或某种模式愿意为它买单，是否具有商业价值。

从他人认可要素的角度看，你在做这件你所感兴趣的事情上面，是否有天赋和优势，因为得到他人认可也是价值的体现。很多人在自己喜欢的事情上没有办法继续做下去，是因为他没有得到一些及时的反馈，所以无法确定这个兴趣到底是不是自己的天赋。

举个我自己的例子。我有三个兴趣，一是教育，二是做菜，三是唱歌。我在这几个选项上的评分如表2-7所示，然后进行一个总分排序，这样很容易看到最高分的那个选项，也就是综合得分最高的选项。

兴趣项	投入时间	投入金钱	幸福感	价值		总分	排序
				市场需求	他人认可		
教育	7	8	8	9	8	40	1
做菜	3	5	6	2	8	24	2
唱歌	3	2	5	1	6	17	3

图 2-7　我的价值排序法

总分最高的是教育，所以我把教育作为自己新事业的切入点。初步来看是可行的，接下来就是实践，看看是否能获得更多的价值反馈。

在咨询的个案中，有位女性学员未来想开一个综合的休闲吧。在这个休闲吧里面，会有美容板块、咨询业务板块、阅读板块，还有咖啡饮料板块，等等，这里面少了任何一方面，她都是不愿意的。那如何才能一步步地靠近这个梦想呢？我建议她去市面上接触和了解一下可对标的对象，这些休闲吧是怎么运营的，甚至尝试去兼职，或者转行到这个书吧里面去工作，去观察它们的核心运营模式，以了解自己未来需要具备哪些资源和能力。

如果因为目前有稳定的主业，无法马上转行去书店工作进行深度体验，也没有资源和条件直接去开一家书吧，那能不能用以上方式去筛选出一个切入点，把未来书吧的某一个板块先运行起来呢？比如，帮别人解决困惑的咨询业务板块，你都可以在业余时间通过线上或线下的方式先践行起来，这是在当下就可以去行动的第一步。后来我和她讨论出一个行动方案，在业余时间提供一个类似解忧杂货铺这样理念的产品，以最小可行性的模式把这个业务板块先做起来。咨询后她说内心突然爆发出了极大的热情和动力，因为原来她没想到，当自己有了初步的未来梦想画像时，真的可以在梦想指引下以终为始，在当下就去做一点儿事情，而不是等到未来有钱、有资源、有时间的时候，才开始去实现这个梦想。不存在完全准备好的时候，如果一定要等到万事俱备时才开始践行梦想，那这个梦想大概不会实现了。

在找到切入点之后，从现在开始就去为你的梦想添砖加瓦，如此你理想的画面才能够在多年以后实现。很多人其实已经等不起了，我的忠告是不要再等了，时间和精力都是不可逆的资产，为什么不早一点去做更多可以靠近自己梦想的事情呢？

成为积极的完美主义者，踏出第一步最重要

1. 既要仰望星空，也要脚踏实地

这个世界上有两种完美主义者，即消极的完美主义者和积极的完美主义者。

消极的完美主义者以自己的完美主义为借口，觉得要做好了所有的准备，才开始行动。

生活中会出现这样的情况：两个人同时说要去旅游，小A会在当下立刻请假，即使手上没有太多的钱，他也开始了自己的穷游。在这个过程当中，他一步步解决旅游所需要应对的一些问题，胜利地踏出了第一步，很快就实现了自己旅行的目标。而小B则觉得自己一定要等到有钱有时间的时候再出发，但是那个时机一直没有等来，两年过去了，他还在原地踏步。而从第一个旅行地回来的小A在这两年间已经去了很多个地方，已经积累了很多旅游的经验，增长了见识，大大提升了自己的眼界，扩大了自己的事业版图。人与人之间的差距就是这样被拉大的。

积极的完美主义者，就是像小A这样的人，有了想法之后，就会马上行动。没有十全十美的准备，只有在做的过程当中，不断地调整和迭代，才能一步步地去接近完美的理想画面。**一个人不是要很厉害了才开始，而是他开始了才会变得很厉害**。所以我当时学完生涯规划之后，就迅速地开启了咨询，从一对一咨询到一对多的训练营，再从训练营产品到一年期的私教陪伴产品。两年内我做了500个咨询，累计时间数超过800小时，一步一步地持续行动着，在过程中不断获得反馈并迭代自己的产品，走到了现在。很多人想一步达到较高的阶段，不想有中间的过渡阶段。实际上恰恰是这些并不完美的开始，引出了后面的爆发，这也是时间给我们带来的行

动复利。

我回头去看当时跟我一起学习生涯规划的同学,他们中还有人停留在原地,没有持续行动,我们的差距也一步步被拉大。差距产生的原因并不是我成长速度快,而是因为我是先出发的那个人,先行动再去求完美,而不是一定要等到自己成为很厉害的专家时,才开始去做这件事情。真正的高手需要产出的结果,需要接受市场和用户的检验,而不是只努力学习提升。

2. 自己无法掌控的事,不要受其影响

在做咨询的过程中,有很多学员会跟我讲各种各样让他们困扰的事情,比如,职场上几个部门之间的领导有矛盾,弄得他们心烦意乱,或家庭生活中妯娌之间的关系也让他们很困扰,影响了做其他事的心情,等等。这个时候我都会问,这些事情跟你有什么关系?为什么你会受其影响呢?

在《高效能人士的七个习惯》这本书里面有一个关注圈和影响圈的概念,就是当你的目光一直聚焦在你自身以外的事情和人时,你的关注圈就会不断放大,那你的影响圈就越来越小了,你会不断地被外界的人和事情所困扰,而没有办法专注在自己想要做的事情上。结果就是恶性循环,这些你无法掌控的事情会无休止地影响到你当下想要做的事情和你的未来规划。当你把焦点放回自身,专注

在你能够控制的事情上时，比如你的工作、你可以做出的一些改变，等等，你的影响圈就会越来越大，这个时候你自己也就有了做事情的一些标准和原则，不会轻易被外部的事情干扰了。

所以当你要为一件事情发力的时候，当你被很多外界的事情困扰的时候，请你先梳理一下：哪些事情是你没有办法控制但又客观存在的。不以你的意志为转移而发生的事情，请你把它放在一边，然后再回到自己的身上。对现在的你来讲，最重要的事情是什么？我们需要在生活中不断地聚焦，聚焦再聚焦，需要建立起断舍离的能力，屏蔽一些不重要的信息。只有你把注意力聚焦在自己身上，你的行动才会有真正的力量，因为那些不受你控制的事情，你没有办法决定它以什么样的方式发生，或者还需要持续多久，为这些事情伤脑筋，实在是太浪费自己的精力了。而受你控制的只有你自己能做的事情。我们想去改变外部的环境，想要改变别人是很困难的，为什么不聚焦在自己身上从自己做起呢？

3. 还未发生的事情，不要为它担忧和焦虑

在这个不断变化的时代，焦虑的人越来越多了，他们焦虑自己的能力进展太慢，焦虑未来可能跟不上时代的发展，又可能焦虑自己想要走的这条路在未来可能会产生新的变数，不知道自己到底能

不能坚持走下去，等等。很多人带着各式各样的问题来咨询我，其中有些问题是真问题，也有些问题是伪问题。那什么才是真问题呢？**就是你在去做一件事情的时候，实际产生出来的困难和问题，它们需要被解决，是实际存在的真实的问题。而伪问题就是你还没去做这件事，单凭主观想象出来的困难和障碍。** 它们实际上并没有发生，只是因为你的担忧，靠自己的想象力而创造出来的很多问题，比如，你想要去做某个方向的事业，还没开始行动，就已经把这个事业的困难点写下来了，仿佛只要解除了这些困难点，你的事业就可以做得很成功，就可以沿这个方向一帆风顺地做下去。这些写下来的问题其实都是伪问题，因为你还没有开始去做，所有的问题都是外界给你的一个反馈，也许你自己去做的时候，会发现实际出现的并不是之前你写下的问题，可能是另外一些，是你完全没有想到过的问题。但如果你没有去实践，你永远都不知道原来真正去做的时候产生的是另外一些问题，你却在做之前，被你想象出来的问题束缚了几年时间，这是对时间极大的浪费，是得不偿失的。

即使你通过规划职业生涯找到了自己的起点和终点，也不会有人告诉你，你一定会顺利地走到那个终点，因为在这个过程里面，你随时可能会放弃，或者被外界诱惑，偏离了方向。既然这样，为什么要为那些还没有发生的困难和障碍担忧和焦虑呢？

第二章
避免中年危机，提前做好职业规划

如果你一直在旁边看别人玩游戏，无论你多懂游戏战略和战术，多能预测和解决游戏当中出现的困难，也并不能代表你在游戏的战场中一定会成为一个赢家，因为在实践过程中，有太多不可预料的因素，你需要从一个理论派上升到实践派。不是通过实践得出来的理论，那只不过是纸上谈兵，是经不起实践的考验的。

4. 把过程做到极致，下一个机会才会出现

还有的人，一定要在找到最好的方法和模式后，才开始去做，但是他不知道最适合他的方法和模式，都是在实践当中摸索出来的。完全照搬别人已经成功的模式，可能会出现"水土不服"问题。

那我是怎么实现从职业生涯规划咨询到开发自己的课程，到自己的高端私教服务模式，以及到写书这样一个过程的呢？这要从2018年8月我还在职场的经历说起。2018年9月到11月，我业余时间几乎每天都在疯狂地做生涯规划的咨询。别人在玩游戏，刷新闻，我在做咨询；节假日大家都在外游玩，晒风景照，而我依然为做咨询而待在家里。

随着我的影响力和咨询技能的不断提升，很多学员都过来问我是在哪里学的生涯规划，于是我把当时学习生涯规划的课程顾问推荐给了他们。我自己数了一下，学时大概推荐了五十多个人，但是

有些顾问告诉我,她才转化了一到两个人,这个结果引起了我的好奇,于是我就去做回访,私信问他们是否解决了当时的生涯困惑,以及有没有去报名学习线下的生涯课程。我从一个个回访里面又发现了一个新的机会,大部分人之所以没有报名线下认证课程,有三个原因:第一,他们只是自己有生涯迷茫的问题,也只是想解决自身职业规划的问题,并没有想好自己要不要成为生涯规划师,于是对于认证课程产生了犹豫;第二,线下的课程培训是有时间和地理空间限制的,对很多人来说,这同样也是限制他们做决策的一个要素;第三,就是因为他们想要解决的问题,在自己看来是比较小的,为这个问题付出几千块钱的学费,显然增加了他们的决策成本。在发现这些问题之后,我很快有了新的想法,既然大家觉得线下有地理空间的限制,成本也很高,只是想单纯解决一个生涯困惑,并不确定自己对生涯规划师是否感兴趣,那我可以在线上教大家生涯规划的一些测评和知识体系呢,用最小的成本,以及无空间距离限制的方式,解决大家的这些问题。因为在没有接触生涯规划任何理念之前,很多人是不愿意花几千块钱来解决一个职业规划的问题的。

于是,我开始策划这件事。我把学到的生涯规划体系的内容在线上教给大家,加上训练营期间的答疑,不仅解决了他们的职业规划问题,还能让他们知其所以然,学到一些生涯方法论。线上教学

第二章 避免中年危机，提前做好职业规划

由于成本低，价格自然不高，学员可以用较低的价格解决自己的职业规划问题。

我当时第一反应不是去录课，也不是写课程大纲，我当时做的一件事，类似于一种市场调查的方式：我直接发了一个朋友圈，因为那个时候关注我做生涯规划的人还蛮多的，这个朋友圈的意思就是，对生涯规划感兴趣的可以点个赞，那条朋友圈一共有七十多个人点了赞。

然后，对每一个点赞的人我都私信问他们为什么对生涯规划感兴趣，其实我是想确认他们是不是真的有职业迷茫的问题，以排除单纯因好奇或好玩而点赞的人，从而筛选出真正有需求的人群，最后我筛选出 52 个人。建立微信群之后我就在群里和大家说，为更好解决大家的职业迷茫和职业规划的方向问题，下周五晚上会在这里做一个生涯规划线上发布会，公布课程大纲，以及告诉大家我为什么会做这个生涯规划训练营。

于是，我就用一个星期的时间正式准备了我的课程大纲海报。在第 1 期，我连招募文案都没有写。到了约定好的周五晚上，分享结束之后，在 52 个人的群里面，当天晚上就招募到了 12 名学员，到训练营开营之前正式报名的人有 25 个，这是我的第 1 期生涯训练营的由来。而当时在我身边做生涯规划的圈子里，还没有见到在线

上做生涯规划训练营这种模式的，这个产品就这样从用户需求的洞察和分析中诞生了。

所以，在一件事情上做到极致，在不断修炼的过程中，我们就会发现下一个机会，比如，我后来的私教班以及生涯圈社群都是一步一步，在实践当中更新和迭代的产品，而不是一开始就想靠一个完美的模式一路走到最后。

在我们现实生活当中，很多人其实真的轮不到要拼勤奋或者是拼天赋这种程度。如果你开始持续行动，其实已经筛掉很多人了。我通过不断的输出倒逼输入，在一次又一次的咨询过程中精进自己的咨询技能和洞察能力，得到了一些来询者以及我的导师的极大的认可和鼓励。我们学到的知识，很多在我们自己看来是常识，其实还有很多人是不知道的。但是大家都不敢先踏出实践的那一步，就是因为把事情想得很难，然后一直学，却总是觉得自己学得不够，从而进一步阻碍了行动，这是一个极大的自我设限。

我观察到的成功人士都是怎么做的呢？他们往往边做边说，不断在这个过程里面去优化他的知识体系，从原始版本升级到高阶版本。而那些不敢迈出第一步的人，真的是技能欠缺的问题吗？其实不是，他们的问题存在于思维中。要成为积极的完美主义者，你的梦想才能最快地落地，而不是一直飘在空中。

第二章
避免中年危机，提前做好职业规划

找到痛苦背后隐藏的人生使命

1. 我是怎么发现自己的人生使命的

在做自由职业的这一年，有一天清晨醒来的时候，我看着当月的收入，突然间陷入了思考。这个收入是我以前没有想到过的，并且在这个过程中，好像并没有费很大的力气就获得了。我现在做的是自己热爱且擅长的事情，所以大部分的时间都处于心流的状态，并不觉得自己在很辛苦、很拼命地工作，而是很享受独处的时光。有如此多的时间做自己喜欢的事情简直是莫大的幸福。

2016年创业的时候，我从零开始，做着不喜欢、不擅长的事情，所有的一切都处于恐慌和焦虑中，根本做不到享受孤独。那时我每天起床就想，要去学全新的东西，每天晚上会因为这个月又没挣到钱而失眠。那个时候，赚到的每一分钱感觉都是真正的"血汗钱"。于是，我发了一个朋友圈，写的是我真实的内心感受，现在分享给大家：

你现在是不是在很辛苦地赚钱？我过去经历过两次不同领域的创业，做的都是不熟悉并且不喜欢、不擅长的事情，只是觉得好像可以赚钱就去做了。事实证明，当你一开始的念头是奔着钱去的，不是基于自身的热情和天赋，这个钱会赚得非常痛苦。

反过来讲，如果一个创业项目或一份工作，它让你非常痛苦地在赚钱，很辛苦地在赚钱，那么这个钱一定是赚不大的，你需要警惕自己是否不在甜蜜区里面了。赚钱与辛苦或痛苦联系在一起，那就走不长远，但是如果它是和兴趣或优势联系在一起，那根本不会觉得赚钱辛苦，反而很轻松，因为你只要做你热爱的事情就好了，财富只是跟随而来的附属品。

每天醒来视上班为上坟的人，和每天醒来想着自己今天又可以做热爱的事情的人，是完全不一样的。

当你觉得赚钱非常辛苦并因此焦虑的时候，有可能是因为你做的事完全不在你甜蜜区（你既喜欢又擅长的事情）。在巴菲特的办公室里，挂着一幅美国棒球手的海报。这位棒球手是美国职业棒球联盟的最佳击球手——泰德·威廉斯。这位曾经名噪一时的棒球手，被评为有史以来世界上最伟大的100名运动员之一，他排名第八。但让人们不解的是，为什么大名鼎鼎的投资界大佬，却要悬挂一位与自己毫不相关领域的人物的海报？

原来，泰德·威廉斯写过一本很著名的棒球教科书，叫《击球的科学》，他在里面提到了一个使自己成功的关键点：只击打甜蜜区的球。"要成为一名优秀的击球手，你必须等待一个好球。如果我总是去击打甜蜜区以外的球，那我根本不可能入选棒球名人堂。"

真正要做到享受孤独，一定是你在做你热爱并擅长的事。因为你的注意力不会放在赚钱上，而是放在自己热爱的事情上，这一切会让你更值钱。

我就是这样发现了自己的人生使命，我希望更多的人可以用自己的热爱和天赋赚钱。人这一辈子很短，赚钱的方式也有很多种，但最成功的方式，无非是用自己喜欢的方式赚钱，那么最成功的事业也应该是用自己喜欢的方式去实现自我价值，完成财富的积累。

希望在未来的日子里，我能用自己的文字、课程和演讲等方式去激发大家的热情和天赋，活出自我，帮助更多的人把喜欢的事情发展为职业，用让自己舒服的方式获得财富。这是我的人生使命。

2. 痛苦是人生中巨大的财富

如果你仔细地去研究一个伟大的企业的使命和愿景，你就会发现这些使命大多源自创始人自己的一个独特的经历。也许他是在使用或开发某些产品的过程中发现了一些痛点而产生了创业商机；又或者是他自己遭受了一些痛苦，促使他希望帮助更多的类似的人走出这样的痛苦。

我的一名学员有两个可选择的事业方向：一个是成为生涯规划师，还有一个是成为家庭教育导师。我仔细地询问她关于这两个职业的一些现状和进展，她在做了一些生涯咨询个案之后就停下来了，因为发现自己在做生涯资深顾问的过程中，内心没有更多的动力和能量，并且做完咨询之后得到的反馈也一般。她原本就是企业的一名资深人力资源管理者，从能力优势的角度来讲，她是具有转型成为生涯规划师的客观优势的，因为她的亲和力和共情力都很强，但是她却在这条路上走得异常艰难，甚至怀疑自己，并且在做这个方向的咨询的时候，无法给来访者更多的赋能。

在询问到她过去原生家庭经历的时候，我才发现她的内在小孩（指一个成年人的部分心理功能处于小孩子的状态）一直都是被压抑的，在做一些人生重大决策的时候，内心常常缺乏力量，明知道那个方向是对的或者是不对的，但她却没有力量在当下做出决定，所以在给别人做生涯引导的时候，也同样面临着自己内在力量不足的问题，显然这是她做生涯资深顾问的一个瓶颈。了解了这些情况后我告诉她首先要解决她的内在小孩的问题。后来我们一起探讨出了一个鼓励咨询师的方向,即可以尝试先用鼓励咨询的方式,让自己的内在小孩变得更加强大。她告诉我,她自己恰好那段时间在学鼓励咨询,并且未来也有转行做家庭教育的意向,而家庭教育是包含鼓励咨询这个板块的。鼓励咨询面对的更多是成年人,当父母的内在小孩更有力量的时候,再去完成下一代的教育会更有帮助,于是她突然间就通透了,发现了自己一直没有办法做生涯咨询的原因,然后也决心要先从鼓励咨询师开始做起,先把自己这个痛苦的问题解决掉,然后再用它帮助更多有内在小孩动力不足问题的类型的人。后来她真的成为一名鼓励咨询师,做了很多的分享,也有了自己的线上课程学员。她对目前的状态非常满足。

所以,痛苦也有它的价值,恰恰是这些痛苦的经历,给我们带来了巨大的人生财富。在解决这些痛苦的过程中,我们也找到了自己事业发展的新路径。

3. 帮助了你,就用它去帮助更多的人

在成为生涯规划师之前,跳槽、裸辞、创业是我毕业5年内的高频词。2017年创业失败后,我进入了一段很长的反思期。我不知道自己真正想要的是什么。我也否定和怀疑过自己很多次:为什么我和别人不一样,总是无法在一份工作里安安稳稳地做下去?

直到 2018 年 8 月我在学习并成为生涯规划师后才真正找到答案。以前所有的折腾，都是为了找到内心真正热爱的道路，为了验证这条路能否养活自己，我用 9 个月的业余时间做了大量咨询、课程，以及培训演讲。2019 年 5 月，我每个月的业余收入已经远远超过主业收入，当时我心里有了一股被强烈召唤的力量，我终于找到了自己的热情和天赋的结合点——教育。

我在学习生涯规划课程之后，才发现内心对教育和分享的热情实际从我高中读书时就已经埋下了种子，一直持续到大学毕业后。我一直在帮助身边的朋友们解答问题，从工作、生活到感情，每次解答我都会有心流的感觉，而对方也经常给我正向反馈。

在过去的一年半里，我帮助了 350 多名学员找到了他们热爱并擅长的事业方向，积累了超过 600 个小时的咨询经验，同时帮助 50 多名学员拥有了自己的副业收入，最高的学员月入 6 万元。得益于知识付费的大环境和个人产品体系的升级，我也成了别人眼中的月入几万元的自由职业者，靠做自己热爱的事业，一年半就实现了从 0 到 50 万元年薪的跃迁。

我终于成长为自己喜欢的那个自己。我无比坚定，原来我是可以在一个事业方向上持续耕耘，不缓不慢地做一辈子的。

第二章
避免中年危机，提前做好职业规划

如果不是因为通过职业规划找到了自己热爱的教育方向，我可能依然做着一份让自己内心比较痛苦的工作，然后还会不断地去走更多的弯路，不断地试错，而且随着时间和年龄的增长，试错的成本会变得越来越高。在有了自己热爱的方向之后，就像漂流的心有了一个落脚点，不用像大海捞针一样去折腾和尝试，而是在自己这个方向上不断地去精进和优化。我清楚地知道自己未来想要去哪里，所以在职业规划过程中不会再被外界的事情所诱惑，更不会被物质诱惑带偏了方向。

我很幸运自己成为一名生涯规划师，在过去的两年，以及在未来一生的时间里，我都可以用它来帮助更多迷茫的人走出人生瓶颈，减少试错的成本，提前完成自己的梦想。我们的时间很宝贵，每一分钟都要用来做自己热爱的事情。

过去，人们都是在缺乏职业规划意识的环境里面成长，选择职业也带有很多随机性，更多人一生都在随波逐流。希望在未来的日子里，我可以把生涯知识普及给更多人，而不是仅局限在生涯规划师这个小范围的咨询圈子里。未来每个人都应该成为自己的生涯规划师、个人成长教练，对自己想要什么，想去哪里，对自己的职业价值观、人生观都有非常清晰的认识，这样在变化的时代里面，我们就找到了自己不变的东西。这些不变的东西能指引我们活出

自己想要的人生，让我们不再受外部环境的干扰，而是真正跟随自己的内心去活。

4. 探索自我之旅启动后，使命才可能出现

白落梅在《你若安好便是晴天：林徽因传》里说：我们应当相信，每个人都是带着使命来到人间的。无论他多么平凡渺小，多么微不足道，总有一个角落会将他搁置，总有一个人需要他的存在。有些人，在属于自己的狭小世界里，守着简单的安稳与幸福，不惊不扰地过一生。有些人，在纷扰的世俗中，以华丽的姿态，尽情地演绎着一场场悲喜人生。

但可惜的是，大部分人在没有主动去发现和探索自己的时候，是没有使命感这样的概念的。甚至会觉得使命感是一个非常空洞和空虚的概念，因为没有遇到过，所以会觉得它是不存在的。他们这一生都在为养家糊口疲于奔波，在自己不太喜欢的职业里面，直到离开世界的那一天，也不知道自己为什么而活，更不知道自己的人生价值和意义在哪里。

使命感的出现是需要你对自己的内心有极大的觉察力的，所以在你没有打算去探索自我的时候，它便不会出现。只有一直探索自我，找到自己热爱的事情，在做这些事情的过程中不断地觉察，才

第二章
避免中年危机，提前做好职业规划

会真正触动内心那个强大的使命的力量。有了使命感的那一刻，我们做的事情就有了愿景层面的驱动力，而不再只是单纯的物质驱动，也不再是环境驱动，接下来做的所有的事情都是为更靠近自己的使命并努力完成它。

5. 做自己热爱的事，更容易找到人生使命

成功有很多种方式，赚钱也有很多方法和路径。但就像爱情的选择一样：弱水三千，只取一瓢饮。如果面包将来都会有，你们愿意一开始选择纯粹的爱情吗？我相信很多人的答案是肯定的。

我们付出所有的努力，追求的到底是什么？到哪种状态我们才会认为自己是成功并幸福的？这个问题我很多年以前就开始思考了。在职场上班时，我就思考我想要的成功是不是更高的薪酬，更高的职位；在成为自由职业者之后，我会思考是不是一定要拥有一家规模很大的公司，赚很多很多钱……很明显那都不是我想要的成功。

如果有一天我的成功让我非常幸福，那一定是可以影响更多的人，使他们以做自己喜欢的事情为谋生手段，让大部分人都能唤醒寻找热情和天赋的意识，这一生能做自己热爱的事情。通过文字和演讲，以及深度陪伴一小部分人实现她们想要的结果，并不是单纯赚很多钱，或者开一家多么大的公司，当个所谓的女强人。

心如菩提，步步生莲。我想要的成功状态，就是内心真正感觉圆满。

事业、家庭、生活，以及个人都圆满，这是我认为生涯规划和职业规划的根本区别。生涯规划追求的是生涯各个角色的平衡，而不只是职业的成功。你也可以思考一下，在有了很多财富后最终目标是什么？那才是人生终极追求。

所以，如果有很多赚钱的方式，我只愿意用自己喜欢的事情和方式赚钱。要让赚钱的节奏跟上自己做喜欢的事情的节奏，而不是所有动作和努力都是为了跟上赚钱的节奏。实际上后者很容易带来焦虑，因为大部分人会告诉你再不成功，再不赶上风口就晚了。我只想告诉你：亲爱的，慢慢来，找到内心真正热爱的事，用自己的节奏每天离梦想近一点，实际上可能会更快、更稳地获得结果。

真正地以慢为快，不是不作为，而是看清了10年之后自己想要成为的样子后，清楚知道自己每天做着与梦想有关的事，不偏离，不被诱惑，真正地做到断舍离。这样做要比兴冲冲地追求快速成功更快。

查理·芒格（美国投资家，沃伦·巴菲特的黄金搭档）曾说过这样一句话："当别人贪婪时，要害怕；当别人害怕时，要贪婪。"在追求成功的路上，我把这句话换成另一句话：当别人脚步都很快，对某种事物趋之若鹜时，你要慢下来，认真思考自己想要什么。如果我们洞悉二八定律，就会想成为极少数的那部分人。

你想成为的样子，世间一定有很多人已经活出来了，你不必担心自己可能会成为孤品。人这一辈子，一定要尝试坚持做自己热爱的事情，踏出这一步，你的高阶版本人生就要开启了。

第三章　打造个人品牌，以喜欢做的事情谋生

※　顺应趋势，实现你的个人价值

※　如何表达自我，才更能打动人心

※　如何找到自己的细分定位

※　如何策划自己专属的个人发展路径

※　在工作中升级打怪，练习梦想

※　如何选择适合自己的职业和平台

顺应趋势，实现你的个人价值

1. 价值时代真的来了

2019年，我在业余时间通过经营副业月入过万，和领导提出离职时他很惊讶，问我是不是学过营销，可以在没有任何平台包装的情况下，在网上自己做营销卖出产品。这个时候我意识到，个体价值时代真的来了。我没有学过营销，只是在不断分享和表达自我，在这个过程里面不断地把自己的价值观和深度思考分享出来，然后吸引了很多同频的人。从刚开始的只有一对一咨询的产品，到发现一大部分人的共同需求和痛点，然后研发了课程做训练营，再到针对一部分铁粉想要深入学习的需求，推出了一年期的私教服务。我是一个不太喜欢过度营销的人，但是如果说这个过程有营销，那就是通过不断的表达自我，打造了自己在其他人心目中的个人品牌，不断分享自己所学到的知识，去帮助更多的人走出迷茫。

第三章
打造个人品牌，以喜欢做的事情谋生

所以，你自己是谁，你是通过公司平台放大你的价值，还是通过新媒体放大你的价值，是个体价值时代非常重要的一个课题。营销的本质，其实是洞察人性，通过提供产品的方式解决用户的痛点。而洞察人性的第一步是洞察自己，你只有了解了自己，你的所思所想才能打动那些和你处境相同和有相同想法的人。

现在大家对人工智能有各种各样的讨论，最热的讨论话题莫过于未来有哪些职业会被替代，其实会被替代的，都是那些有重复性、机械性以及流程性的一些职位，但是一个人的温度、创意和价值观是不能被机器所替代的。人工智能的出现，并不是为了让人类下岗，而是为了让有创意的人，利用更好的技术去实现进一步的发展，这是人类社会极大的进步。所以，如果千篇一律的工作和重复性的工作在未来会被机器所取代，那么我们个体的价值将会被无限地放大，我们每个人身上有什么样的优势，有什么样的特点，都可以借助时代的趋势和红利来放大。每个人都值得被看见，也应该被更多的人看见。

于是头条、抖音和快手都迅速地发展起来了，因为它们把无数个原本不起眼的个体价值放大了。每个普通人只要身上有一个亮点，有一个突出的优势，都可以在这个时代大放光彩，我们每个人都可以是自己的经纪人，为自己发声。

未来公司雇佣的模式，可能会变成平台和个人的合作模式，所以现在依然跟平台深度绑定在一起的个体，可以思考一个问题：当平台的光环去掉，或者当你离开平台的那一天，你自己还剩下什么？你仅剩的那些东西才是你在未来安身立命的根本，你能不能靠它过上自己想要的人生？

在这种时代背景下，每个人都需要重新思考一些重要的问题，比如：我是谁？我身上有什么样的热情和天赋？我可以用这些去做一些什么事？越早完成这个作业的人，越能够在未来的时代活得精彩和出色；否则未来你可能会被动地遇上中年危机，被迫做职业转型。与其被动地等待变化，不如主动把握变化，主动去创造属于自己的未来。

2. 探索和自我展示同样重要

在很多专业人士的思想里面，只要在这个专业领域持续地进修和自我探索就可以了。他们因为缺乏自我展示，没有能被更多的人看见，可能更适合做学术研究，自身也更缺乏面对市场和用户的勇气。但如果没有能够得到普通用户的一些检验和反馈，也会影响自我探索的深度，你可能会一直陷入在自己所谓的专业领域里面，但是并不知道这些理论到底能不能够真切地解决每个用户的问题，你所研究的问题到底是不是他们所需要解决的问题，所以你需要一边在专业的领域做更多的突破和提升，一边做自我展示以获得反馈，用来及时调整自己的探索成果。

一边是输入，一边是输出；一边是做好"个人"，一边是做好"品牌"，二者缺一不可。

很多人说，自己不会做传播，不会做营销，也不懂怎么打造个人品牌。实际上，每个人生下来就已经懂得传播了，比如，人刚生下来的时候，就会用啼哭这种方式来证明他已经来到这个世界上了，当他不会说话的时候，他也会用哭声来表达自己的烦躁、饥饿和寒冷等，所以每个人天生就具备传播能力。只是成年之后，很多人越来越不想发声了。打造个人品牌，只需要重新把自己的传播本能发挥出来就可以了。不管是在哪个平台和圈子，你只要勇敢地把自我展示出来，其实就已经是在做品牌了。再小的个体也会有自己的信念，自己独特的人生观和价值观。所以通过自我探索和自我展示吸引更多同频的人。

这里还有一个关于自我展示的关键点，就是大家可能会担心完全把自己展示在社交媒体上，会不会有人不喜欢自己。很多人会介意自己在别人心目中是什么样的形象，其实我们的圈子里本来就存在不同类型的人，有认可我们的，也有不认可我们的，我们把自己的观点表达出来，认可我们的人自然会更加认可，不认可我们的人就会离我们而去。本质上，展示的过程也是一个筛选的过程，我们不断筛选更加认可我们，和我们同频的人，然后和他们一路同行。你不必得到所有人的认可和喜欢，剔除了这样的顾虑，你也就懂得了自我展示的真正价值和意义。

3. 建立品牌也是一个用自己的力量影响和帮助他人的过程

还有一些人会觉得展示自我不太符合中国人的谦虚和内敛的性格，怕在别人眼中自己变成了一个营销自己和打广告的人，这也是一种严重的心理设限，同时也过度解读了营销这个概念。我们可以换一种角度去思考打造个人品牌这件事，假如你真的觉得认可自己的专业、自己的价值观、自己的想法，是真正对自己和他人有帮助的，那么个人品牌打造的过程，可以被看作你影响和帮助别人的半径在不断扩大的过程。用做自己喜欢的事情，自己专业的力量去帮助更多的人，是不是一件很美好的事情？

当我有了自己的个人使命，想要帮助更多的人从事自己喜欢的职业的时候，我就已经在想用自己的观念去影响和帮助更多的人，通过职业规划把专业的方法带给不同的人，帮助每个人都具备生涯规划的意识，有能力做自己的生涯规划，成为自己人生的CEO。所以我有极大的热情，通过文字、课程和演讲，把这些理念和个人成长感悟传递给更多的人，唤醒大家内心的热情和天赋，把自己的观点和想法不断地展示出来。我不觉得这是过度的营销和炫耀。如果某个人因为听了我说的某一句话，听了我讲的某节课，人生从此有了新的转向和改变的动力，我会因此感觉非常兴奋和幸福。这样的事情，我居然可以每天都做，直至老去，我会觉得这一辈子过得没有遗憾。

你也可以想一想你现在认可的领域，认可的方向是什么。你的热情和天赋除了能够帮助你实现自我价值之外，是不是也可以用来帮助更多的人。如果你只是想自己去享受这个过程，那么它也算是帮助你完成自我的使命，如果你忍不住想要去传递给他人，那这就是个人品牌影响力形成的过程。

4. 不论在职场内还是职场外，都需要有个人品牌意识

有些职场人士会觉得个人品牌跟自己是没有关系的，只有创业者和自由职业者才需要打造自己的个人品牌。那么在公司好好上班的人，是不是真的不需要个人品牌呢？其实，在职场里面，我们更需要有个人品牌的意识，除了能够把手上的工作默默地做好外，我们还应该有把自己工作的方法、所思所想传授给他人的能力，这样你才会在职场上获得更好的机会和资源，而不是只做一名执行者。

可以想想，在职场里哪些场景可供打造个人品牌？述职报告、晋升答辩都是一种自我展示，自我展示离不开思考和表达能力，我们不仅要把事情做好，还要把做事情的过程以及结果展示出来。

另外，在职场里面创造一些成就事件，同样是个人品牌建立的一个巨大助力，用结果来说话，是个人实力最强的表达。在职场里面获得高的职位，或者是脱颖而出的人，他们都是有个人品牌意识的人，他们不但把事情做得不错，而且把自我展示部分也做得到位，如产出亮眼的结果，或者将做成一件事情背后的思考也系统地展示出来。

打造个人品牌是普通人的制胜之道，我们知道的一些奢侈品的品牌，比如，古驰、香奈儿，或其他奢侈品品牌，创立之初其实都和创始人的品牌和影响力有很大的关系，其是由个人品牌衍生出来的企业和产品品牌。企业有企业的战略，个人也要有个人的战略和个人品牌。

如果想在职场外建立第二职业的个人品牌，那么以下3点建议可供参考。

第一，个人品牌定位。很多人其实不知道怎么去打造个人品牌，也没有清晰的思路。打造个人品牌，首先要找到自己的定位。而寻找定位其实是一个自我认知的过程。

第三章 打造个人品牌，以喜欢做的事情谋生

只有找到自己的优势和天赋所在，你的个人品牌才能走得长远。如果定位这个问题没有解决，那在打造个人品牌的过程中就会有很多的障碍，也会让你失去信心和耐心，那你的热情可能会慢慢冷却，最后就不了了之了。找到了适合自己的方向，个人品牌之路就已经成功了一半。

定位的过程也是弄清楚你是谁，你有什么特长，擅长解决他人什么问题的过程。如何对个人品牌进行细分定位我会在后面的内容中详细讲述。

第二，高价值输出。 当你知道了自己是谁，可以为他人解决什么问题之后，一方面要不断进行自我探索和精进，去打磨自己的专业度；另一方面，要通过文字、视频或者演讲等，大量持续地输出，把自己的专业知识、想法和感悟源源不断地分享出去。只要能够给予他人价值和启发，你的个人品牌就会渐渐地在他人心中沉淀下来，他人才会对你产生信任。当身边的人有了相关问题的时候会想到你，那么你的品牌定位就真正建立起来了。

第三，有用户思维。 这一点尤其重要。当我们想要打造自己的个人品牌的时候，我们是自己的经纪人，也就是要负责把自己的知识和产品传播出去。其实很多专业老师自己讲课是完全没有问题的，也就是开发内容没问题，但是在传播的环节，或是商业运营的环节

出了问题，他们很难抓住用户的痛点，跟真正的用户需求脱节了。在朋友圈，我经常看到一些非常专业的课程大纲，这些大纲上面写的标题都是非常生涩的专业词，可以看出这位老师在面对市场的时候是缺乏用户思维的，他只在意自己说了什么，并且从专业的角度表达了出来，并没有思考用户能不能接收到他表达的意思。

之前我在上一个培训课程的时候，一位非常棒的讲师说：我们在评估一个培训的效果时，其实不是看这个讲师讲得多好，而是看下面的学员接收到了什么信息。学生学到了什么，这个才是最重要的。所以在打造个人品牌的过程中，不能只在乎自己提供了什么，而是要去关注我们提供的东西，用户能不能看懂，是不是真正是他们需要的东西。如果专业思维开启了我们事业的大门，那么用户思维则决定了我们在这条路上能走多远。

如何表达自我，才更能打动人心

我在朋友圈分享了三年内容后，没想到朋友圈这个小小的平台让我实现了自由职业的理想，让我有了一大批粉丝和学员，还让我遇见了人生当中的贵人——恩师刘佳老师。在这个过程里面，也经

第三章
打造个人品牌，以喜欢做的事情谋生

常会有人过来跟我说，他每天必看的就是我的朋友圈，觉得我的朋友圈跟别人很不一样，非常有温度，接地气，也很正能量。正是通过大家的反馈，我才知道原来我在朋友圈的表达力，已经受到了很多人的认可，那为什么大家能被我写的文字打动呢？展示自己、传播自己离不开好的表达，很多人报名学习写作课程，也是为了搞定表达这件事。我在表达上没有学习任何套路，因为我相信真诚永远是最好的套路。

很多人都在学习各种朋友圈文案课程。一些讲师在培训朋友圈文案写作技能时，会告诉学员一天要发多少条内容，还会提供一些发朋友圈的固定模板。有一家培训机构教给学员一个发朋友圈的"高级公式"，就是先描述过去有多苦，然后是经历过怎样的一番努力逆袭到现在这个状态的，然后现在是怎么做到的（言外之意是要别人快来和我学习，以过上和我一样的生活）。后来我发现朋友圈有一些人发圈的风格非常一致，甚至都能看出是这家培训机构培训出来的学员。

其实像这种给固定模板和流程的分享文案，从本质上来讲，不是真正发自内心的一个书写，而是刻意地去迎合大众，用大量的套路以及模板去达到营销的目的。我自己是非常讨厌这样的套路的，觉得这样做偏离了真诚分享这个重要的点。有一天，有个微信好友

给我发了一个"日涨千粉"的文档,打开一看,里面全部都是怎么去写文案吸粉,怎么在社群里面用一个有吸引力的模板(比如添加我微信,免费送你几个名额,仅限前5名有效等文案)吸引大家注意,等等。这在视觉上就引起了我的不适,当然这是一种快速赚取流量的方式,一定有人需要,只是我不太喜欢这种杀鸡取卵式的营销方式,我更喜欢通过长期的价值输出吸引同频人。我发朋友圈非常随性,没有给自己规定条数,也没有规定自己什么时候发,多久发一次,等等,所有的话都是有感而发的。在这个过程中我也总结了一些方法,在此把这些方法分享给不喜欢用套路模板写作的每个人。记住这些方法,每个人都能写出自己内心想表达的东西,更自然地表达自己,享受表达的过程,而这些才能真正展示出独一无二的你。

1. 有感而发,不为发而发

首先,一定要表达你自己最想讲的内容,在自己有感悟的时候及时表达出来,而不是刻意为了发朋友圈而发朋友圈。很多时候你内心有了想法时,是忍不住要把它分享出来的,因为这个时候你是最有触动的,那你写出来的文字才有了生命力和灵魂,其他人看到有一些共鸣的部分,他们才会被打动。**真正能打动别人的内容往往会先打动自己。**

第三章
打造个人品牌，以喜欢做的事情谋生

有些学员因为学了朋友圈课程，老师说一定要持续输出朋友圈，每天发多少条，然后他会为了完成这个输出任务去表达，发的内容是比较刻意的，那当这个文字有了刻意的痕迹之后，他的文字感染力和共鸣力就已经失去了一大半，其实自己写完之后也是没有感觉的，只是为了要发出来而去写。

还有一些人，为自己定位了某一个方向，发圈内容都会刻意往这个方向去靠，其实这也会造成自己输出的压力，比如说一名生涯规划师，如果每发一条内容都在讲职业规划，每次为了贴近自己的专业，都要找内容表达出来，长久以往自己会疲惫，文字也黯然无色。所以，要做到真正的有感而发，你可能需要忘记定位，从内心出发尊重自己的创作灵感。

说到这里，可能会有学员问：如果只能从内心出发，那我想表达的内容大部分跟这个定位不相关怎么办呢？这里有一个很重要的点，即如果你最想讲的内容，最想表达的东西，大部分都跟你这个定位不相关，你可能需要深度思考一下这个定位，是不是你内心真正热爱和擅长的方向。也许你只是出于假性喜欢，自以为应该往这个方向发展。

比如，我察觉到自己分享的都是关于个人成长、人生思考等内容，这些同样属于生涯规划这个大领域里面的，因为生涯教育本质是梦想教育，唤醒人的认知和梦想，让大家有勇气去深度思考自己的人生，活出自我。我有感而发的大方向和定位是一致的，可以随性表达无压力。

如果都要有感而发，那没有灵感的时候是不是没办法输出了？

以上这个问题，也是课程当中学员问我的，他们觉得有感而发非常随性，他们大部分时间都没有灵感，是不是就不用再输出了呢？其实问这个问题的人基本上很少做到有感而发，因为有感而发也是一种能力，在你做这件事情时，也许刚开始没有灵感，但是有灵感的时候会越来越多，你想要表达的内容也会越来越多。

在互联网时代有一个词叫网感，比如，长期泡在网上的人，他很容易跟线上社群一些没见过面的陌生朋友打成一片；但是也有一些人在网络世界里长期潜水，他们不愿意把自己的想法展示在公众面前，自己有想法或者对其他人的言论有新的感悟也不会反馈，长此以往，在线上就变成了一个沉默寡言的人，更不要说自由地表达自己的想法了。

所以，要练就有感而发的能力，你可以从回复别人的一条评论，给你感兴趣的公众号留言，跟别人在线上多聊几句话开始；或者在社群中对于自己感兴趣的话题踊跃参与讨论，把自己的想法也表达出来。这样你有感而发的能力就会越来越强，它就像经过训练的肌肉一样，不需要刻意拿出来，就已经融入你的身体里，当你有灵感的时候，你就会源源不断地打开创作的源泉。

自如的输出背后是大量的输入。要达到不断有输出的灵感的程度，我们还需要不断地提升自己，提高输入的密度。阅读、看电影、见成功人士等，这些都是增加输入的方式。完全打开自己的接收通道，增强感官的敏锐度，会更有助于我们持续输出打动人心的内容。

2. 说人话，接地气

前面讲用户思维时，我提到一些专业的老师在对用户展示的平台上写的内容，带有很多专业的名词，看起来非常高大上，但是每一次看的时候都想快速略过。当时眼前好像出现了一个非常相似的场景，就是上大学的时候，老师在前面讲很枯燥的理论课，我们却很难听进去，我是那个曾经逃课很多的学生，我想如果老师当年能够把那些理论讲得更通俗易懂一些，更生动有趣一些，自己应该不想错过每一节课。老师不一定需要用用户思维去取悦学生，但是在互联网时代，如果你讲的东西别人听不懂，基本上就不会再有人关注你了，因为大家的时间都很有限。所以将你的专业知识用自己的语言通俗易懂地表达出来，在互联网时代是一项非常重要的能力。

反过来讲，如果你没有办法用通俗语言去表达你专业领域的知识，说明你也没有把专业的知识真正内化为自己的知识，你传递出

去的只是书上原有的知识和理论。在专业领域精进自身时这一点值得反思。

另外，这些老师可能想通过这种专业的表达方式来表现自己的专业。但是其实站在用户的视角来看，他们会觉得这个老师跟他非常有距离感。生涩的理论是很难打动人心，引起大家的共鸣的，打动人心的表达都是深刻而接地气的。

某种程度上，我们不能把自己当成高高在上的老师，你思想上一旦有了这样的视角，那传递出来的文字可能也会是清高的，带有距离感的。在读书的时期，学生本就不太喜欢这样的老师，在成年之后，更加不会主动去接近这样的老师。

3. 不要自娱自乐，要传递价值给大家

对于非自娱自乐，有以下3个可衡量的标准。

第一个衡量的标准是：用户要能看得懂。很多人的表达，其实都是自娱自乐式的，只顾自己表达，没有顾及用户是否听得懂，对用户来说有没有价值，能不能对他们有启发。此类表达用户是接收不到的。

第二个衡量的标准：讲大家共同关心的一些问题。也就是你讲的内容要有普遍的指导意义。你讲的这个点要能给他人带来价值。

一个人可能会因为外表而喜欢你，但是他愿意长期跟你在一起，一定是因为你的人品和内涵。在品牌建立的过程当中也如此，能否长期提供给他人价值，是大家愿不愿意持续关注你，和你长远走下去的一个很重要的点，如果你所展示的，只是你自己每天有多幸福，有多满足，那一不小心就会变成一种炫耀。

比如，你问一位护肤名人她的皮肤怎么那么好，如果她只是轻描淡写地说：" 我也不知道，可能是天生丽质吧。" 这样的表达就不是在提供价值，更像在炫耀，会引起大家的嫉妒心，但是如果她能够在展示自己保养得当的同时，还把自己怎么护肤和穿搭的小技巧分享出来，这就是另外一种感觉了，读者会非常喜欢看，因为后面的这部分提供了有价值的信息，对他人有帮助。

第三个衡量的标准：提供有独特价值的内容，而不是千篇一律的鸡汤。

第三个点也很重要。我们在传递价值的时候，如果你表达的是没有经过自己独立思考的观点，而是从其他地方照搬过来的，反倒会起反作用，增加读者的不适感。我看到有人每天早上都发非常正能量的鸡汤，还把别人的话直接复制粘贴发出来，其实这些文字都是没有什么灵魂的，因为实在是太普通和常见了，没有什么吸引力，更谈不上打动人心了。

我在前不久还屏蔽了一个人的朋友圈，因为他的内容虽然是正能量的，但都是那种单纯打鸡血的正能量，不具有独特的个人观点和价值。读者的眼睛是雪亮的，他们很容易就能感受到你的这些内容是你自己独特的观点，还是从别的地方直接粘贴过来的，或者是模仿某一个人的风格。你朋友圈里的好友可能是你最好的产品和用户体验官。

4. 注重用户视觉感受

我们通过文字、画面或视频等方式做自我表达的时候，需要兼顾用户的视觉体验。比如，在朋友圈，有人会发很多文字，没有分段，读者看起来会非常疲惫，就算这段话表达的内容非常深刻，实际上也会让表达的效果大大减分。这也是忽略用户思维的一种表现。所以我在写朋友圈的时候，如果要表达很多内容，或者是不同性质的内容，我会分段，避免在视觉上让读者产生疲劳的体验。

还有，比如你的方向是画画，如果画得很潦草，或者把很多想要表达的内容全部放在一张纸上，那么你就是只关注到了表达，却没有关注到视觉呈现给大家带来的体验。就像一个上台演讲的人，如果他穿得很邋遢，即使他讲的内容再精彩，也是会减分的，因为大家会觉得你的外在形象和你的内涵并不匹配，会产生一种反差的效果，影响大家对你内容的体验。

总之，这个时代的红利是向表达者倾斜的，未来是个体价值时代，拥有好的表达能力的人更容易建立自己的个人品牌影响力。另外，90%的人是不喜欢分享的，也没有自己的定位和标签，更做不到利他和感恩，因为他们不想把自己觉得有价值的思想和观点分享出去，所以很多人是默默无闻的。因此只要你持续分享，利他感恩，就会吸引一切美好的人和事物。

如何找到自己的细分定位

1. 有了大方向后，在实践当中获得反馈

我有一名学员，原本她的方向是做家庭教育，通过霍兰德测评评估，她也是适合讲师这样一个大方向的。她在走家庭教育这个方向的时候，原本是想解决自己的亲子关系问题，如果未来还能通过帮助别人把家庭教育发展成事业，那就更好了。但是她在运用正面管教理念来跟孩子相处的过程中，发现其实要做好家庭教育，更需要关注父母的个人成长和心理情况，因为很多亲子关系的不顺和紧张，是由父母身上的问题引发出来的，而父母身上的问题又可能是

原生家庭带来的，这个课题又回到了内在小孩和原生家庭疗愈的一个领域。只有自己的内在人格先成长好了，内在小孩更加健康，有力量了，再处理亲子关系就会顺畅很多。

其中有一个应用场景是这样的：她学了很多正面管教的理念，心里很清楚不应该对孩子发脾气，但是在运用的过程中，她依然会忍不住大发脾气，这已经不是理论功底不扎实的问题了。当她深入去探索的时候，才发现这样极端的情绪来源于原生家庭，因为她的父母在她成长过程中就是一直对她大吼大叫的，沿袭在她身上，导致了她在教育下一代的时候重复了同一种行为模式。所以源头的问题没有解决，学再多育儿管教的知识都是不够的。

于是，她转而去深入学习心理学，以及家庭教育领域里更加细分的鼓励咨询师方向，越学习越坚定地认为只有先疗愈自己，才能处理好家庭其他的关系。她是在大的定位里通过不断实践，在过程当中发现了更加适合自己的细分定位的。但是如果我们刚开始就直接去找这个细分定位，还不一定能够找到，所以当有人问我"做教育的方向太多了，怎么能够找到自己的差异化优势跟定位呢"，我会告诉他先找到一个有兴趣的切入点，在这个大的方向下大量实践，在过程当中会收到一些来自市场和外界的反馈，这样才能够真正地挖掘到自己的差异化优势，以及更加细分的定位。

所以一开始找不到细分定位很正常，千万不要焦虑，经过大量的参与和实践，细分方向就会从大方向中自己孵化出来了。

用这样的方式不断摸索，得到反馈后再调整自己的定位，是一种更靠谱、更接地气的方式。有名学员喜欢看书，他就阅读了大量的书籍，并不断输出自己的观点和思考，在这个过程中他因为获得别人的反馈而发现，原来很多人不会看书，看不下书，于是他研究了很多阅读方法来帮助大家更好地阅读以及吸收知识，最后成长为一名高效阅读教练，意外找到了自己新的事业方向。这也是通过实践发现自己细分定位的一个典型例子。

2. 创造属于自己的个人品牌定位

如今，很多人都想在主业之外开启副业，但是做副业也同样需要考察自己适合什么样的方向，而不是随便做一个兼职，就能称得上做副业和发展个人品牌了。我总结了一个个人品牌定位的公式，大家也可以去对照每个维度，尝试分析一下这些要素，然后挖掘适合自己的个人品牌定位。

一个好的个人品牌定位=兴趣+过往经验形成的优势+市场需求

我们来拆解一下这个公式，首先，如果你要把一个方向发展成自己的事业，最好的情况是：它是你所热爱的，也就是你自己的兴趣所在；其次，还要满足你的能力优势，如果它不是你的一个优势，

就没有办法获取价值反馈来养活自己，或者说实现你的自我价值；最后，通过解决某一类型的问题，产生真正的商业变现。

说到个人品牌，其实市面上已经出现了很多大家自创的一些个人品牌定位。现在较为常见的个人品牌定位标签如图3-1所示，还有很多新兴的职业也可以自行补充。

阅读类	高效阅读教练、快速阅读导师、知识管理专家
工具类	海报设计师、视觉引导师、PPT/EXCEL达人
亲子类	亲子沟通教练、PET父母效能、正面管教导师
职业类	面试教练、职业生涯规划师、复盘教练
成长类	目标管理、精力管理、热情测试导师
家庭类	心理咨询师、情感咨询师、整理咨询师
健康类	营养管理师、减肥教练、健身达人

图 3-1 事业分类

有些学员看完后会好奇，高效阅读和快速阅读是什么样的技能？为什么它们也可以往个人品牌方向去发展？我们所讲的个人品牌其实就是在某一个细分领域，有自己的专业积累和影响力，能帮助他人建立对你这个专业领域和对你这个人的认知。

再小的细分领域，也可以打造出自己的个人品牌。当大家都在想未来自己要往什么大方向的事业去发展时，可能忽略了自己身上

第三章
打造个人品牌，以喜欢做的事情谋生

最擅长的某一个点——你完全可以通过那个点去打造你自己的专业影响力。

在阅读这个类别，假如你平时非常爱看书，你的阅读质量遥遥领先于别人，可以整理一下自己的阅读知识体系，把这些阅读的方法分享给更多的人，这可以成为你的一个标签和定位。

工具类的就如我前面所讲到的技能变现。其实个人品牌也是一种技能变现，只不过，它是往咨询和教育的方向发展的，比如，在思维导图、视觉引导方向，都可以有人做得不错，并愿意去教给其他人的。

亲子类的应该是很多当了妈妈之后的女性会感兴趣的方向。很多妈妈在育儿的过程中，发现对这一块有需求也有学习的兴趣，并且对自己跟孩子相处方面有很大的帮助，就会去学一些正面管教和PET父母效能（Parent Effectiveness Training）等专业理念和方法，学成后也是可以往这个方向发展的。

职业类的很好理解，平时大家看到的职业生涯规划师、面试教练等标签在猎聘网上也有。如果你不懂得怎么面试，怎么去拿到一个更好的录取通知，可以寻求面试教练的辅导，约教练做咨询。这里还有一个复盘教练方向，在我身边的圈子里有一名老师就是专门教结构化复盘体系的，她把这个方向的课程打造成了自己的版权课，

也做得非常不错。也就是说，在职业中，你的任何一项特长都可能会成为你的个人品牌方向。

另外还有成长类别的，比如目标管理导师、热情测试导师。

精力管理是一个比较新的理念方向，主要是结合健身以及饮食理念来让人的精力保持最佳状态，让大家有精力去做更多的事情而不会疲惫。这一块也有很多书籍可以学习，对健康和精力管理比较感兴趣的伙伴，可以往这个方向去深入学习和发展。

家庭类的方向就更常见了，像情感咨询师、心理咨询师、整理咨询师等。整理咨询师指的是什么呢？其实这个职业是从日本传进来的，日本因为有很多全职妈妈，她们比较热衷于做家务，喜欢做些空间收纳和整理。所以，她们把这项技能也发展成了一个新的方向，会去做一对一的整理收纳咨询，以及上门的整理服务。我国也有提供这方面认证的课程，家庭类方向的职业还属于朝阳的职业，有巨大的发展潜力和前景。平时喜欢在家里收拾的女生，如果喜欢整理后带来的整洁清爽的感受，也可以考虑往这个方向发展。

健康类别就是像营养管理师、健身达人这一类，也是大家比较熟悉的。就拿健身教练来说，之前我们对他们的传统印象是线下健身连锁机构里的健身指导，但现在抖音上面也已经有很多健身的大V，他们通过不断地拍视频，积累了很多粉丝，再通过在线上线下打造服务产品的方式获得了进一步的价值变现。

细分领域定位同样可以用到前面提到的筛选法、结合法和价值排序法，它的核心原则依然离不开兴趣、能力、价值这三个要素。

3. 3种探索个人品牌定位的方式

我们还可以从3个方向来探索个人品牌定位。这3个维度分别是主业延伸、主业相关和兴趣延伸。

主业延伸的方式是延伸主业中的某项技能，前面讲到的技能变现，比如PPT、Excel、公文写作、复盘数据分析、运营和时间管理等，在主业中的任何一项技能，如果是你比较擅长和喜欢的，都可以把它延伸出来作为你的个人品牌定位。

主业相关是指个人品牌定位跟你主业的职能是重合关联，相辅相成的。比如，HR，他们在做生涯规划师的转型时，是有高度的重合性的，这就是我自己的经历，我甚至把职业规划技能用到了候选人的面试环节，想不到效果好得出奇，所以它跟主业相辅相成。还有一些在做猎头的小伙伴，在学了生涯规划之后同样可以把这样的技能，运用在猎头前期寻找合适候选人的环节中，然后也可以把生涯规划师发展成他们的一个副业，这样跟他的主业相得益彰，互相促进。未来如果这个副业发展超过主业之后，也许有机会转型成为一个全职的生涯规划师。

比如，你是做招聘模块的，那也可以往面试或简历辅导教练这个方向发展；如果你是保险从业者，可以往理财咨询的细分方向去打造个人品牌。这样一来，你的个人品牌定位可以跟你的主业相互促进，帮助你精进自己的核心竞争力。

最后是兴趣延伸，它是将你生活当中热爱的事情放大的一种方法。可以回忆一下，你小时候比较喜欢做，后来因为各种原因没有继续做下去的事情：如果是插花，可以往花艺师的方向发展；如果是写字，可以往书法教练的方向发展；如果是烘焙，可以做美食博主，也可以在你的朋友圈卖你的小点心；如果是健身，也可以成为瑜伽老师或者去平台打造你的一个健身达人IP。

4. 定位并非一成不变

个人品牌定位并非是一成不变的，它需要在实践中不断地调整和迭代定位方向。我身边也有很多知名的老师，刚开始是从一个小的标签切入的，到了后面他可以教的知识领域，也就是可以去帮助别人的方向变得更多了，自己最初的定位也产生了调整，这是很正常的。

一定不要让定位不清晰，否则它会成为你行动的拦路石，找到了一个初步的定位和切入点，就要大胆、勇敢地实践它，然后小步快跑去验证。我为什么要特别谈到这一点，就是因为有很多来询者，他们总是觉得自己现在很迷茫，没有确定的方向，即使确定了，他们也不确定这是不是以后的终身事业，于是，他们就变成了一个消极的完美主义者，一定要万事俱备才敢去实践，去做。其实他们大可把这些内耗的时间直接用来实践，这反而有助于他们更快地找到细分定位。

这跟找灵魂伴侣的道理是一样的，你需要经过各种磨合才能找到自己的灵魂伴侣。事业也如此，当你找到了一个切入点之后，你就需要去实践，在实践当中去磨合调整你的定位，不要幻想着一开始遇上的就是"白马王子"，而是要把你的这个事业慢慢培养，调教成你心里面所想的那个样子。

如果以上这些方式都没有办法帮你找到定位，那你对自我的认知依然是比较模糊的，或者说对外界的感知力比较弱。还有可能是你的眼界没有打开，不知道存在着什么样的职业跟你的兴趣相关，这个时候可以去寻求专业的职业生涯规划师的帮助。专业的老师会通过一系列正式或非正式的评估引导你发现自己的热情和天赋，同样也会给到你一些职业上的指引，他可以充当你的第二双眼，帮你看到自身局限之外的一些东西。另外专业的霍兰德测评体系里面也有相应的职业代码索引，也许可以给你一些启发。

总之，只要你没有放弃探索自己，你总会想到一些方式来完成自我探索，也一定能够找到未来的路。迷茫却依然停留在原地，没有主动去突破，只会怨天尤人，是最可怕的。

如何策划自己专属的个人发展路径

1. 站在未来的维度，回到当下努力

回到梦想十年蓝图，我希望自己一直写书，线上线下都有学员，未来还可以发表自己的演讲，影响更多人活出自我，以喜欢的事情为职业。从现在的情况来看，我已经在慢慢地接近这样理想的状态了。时间返回到2018年1月初，我在自己的28岁生日文章里面写道："我的理想就是早日实现时间和事业的自由，可以有更多的时间来陪伴孩子成长。"另外，因为自己不太喜欢朝九晚五那种被束缚的工作时间，所以当时成为自由职业者是我第一步想要实现的梦想。没想到写完这个梦想的四个月之后，也就是2019年的5月底，当我的业余生涯咨询副业收入大大超过主业收入之后，我真的离开了职场，提前达到了这个目标（原本给自己的预估是两年时间）。

所以当一个人知道他自己想要去哪里，也知道用什么样的路线

来达成的时候，他实现这个梦想的时间，可能会大大地提前。原本我们给自己定的 5 年或 10 年之后的理想画面，因为我们的目标清晰而坚定，每一步都往目标方向去，中间极少有内耗和浪费，所以能提前达成也就不奇怪了。有了这样的一个理想画面之后，我在业余时间付出了更多的精力去做我的咨询以及开发新的课程，只要有空闲时间，我的脑子里面都在想这些事情，功夫不负有心人，愿景越清晰，行动的驱动力就越强。

《秘密》一书中讲到的吸引力法则也是如此。当我们向宇宙下订单，那接下来所有的人和事都会朝你涌过来，帮助你达成目标，这并不是白日做梦，而是因为你在下订单之后，你心中非常强烈的那股愿力，加上接下来一个个掷地有声的行动，会在这个过程中形成一股巨大的力量，推动你走向梦想的彼岸。

2. 找到适合自己的目标达成路径

如果你的未来个人发展规划，是在职场里面做到极致，然后获取更多的机会，那么你的精力应该更多地放在主业里面，通过职场位置和职级的提升，让自己的整体能力得到快速提升。在工作当中，可以创造更多的里程碑事件，来帮助自己更快地达成目标。关于职场技能和提升的话题，我在这里就不多讲了，大家可以多看看刘佳老师的《职场进阶：这些事儿没有人告诉你》这本书，书里面关于职场晋升、沟通、人际关系，以及技能提升各个方面都提供了非常实用的指导，如果每个人都能在职场的上升途中学会借助专业导师的力量，以及通过进一步的学习来提升自己，无疑会走得更快速、更稳当。

那想在业余时间做第二职业和打造自己独特个人品牌的人，该怎么去策划自己的个人发展路径呢？很多人想进入知识付费领域，也想把自己的知识变现，但对于如何起步，在什么平台做内容是比较模糊的。

当我们有了个人品牌定位之后，怎么开始踏出第一步，通过什么路径把自己的品牌慢慢地建立起来，在哪些平台上面可以不断扩大自己的品牌影响力呢？

以下几个问题有助于你找到个人品牌的达成路径。

第一，你喜欢什么样的输出方式？

打造个人品牌很重要的一点是做自我展示，把自己想表达的内容传播出去。既然要传播，就需要有相应的载体和容器，也就是通过什么样的形式传播出去，在哪些地方传播，等等。你喜欢什么样的输出方式？是喜欢写、讲、画画，还是拍视频？如果喜欢写文字，可以经营朋友圈、公众号、头条号、知乎等以文字为主要表现形式的平台；如果喜欢画画，可以把作品在一些平台做展示；如果喜欢讲，可以通过做直播的形式，或者在各种社群分享的模式，把讲的这个能力和热情发挥到极致；如果你喜欢拍视频，那对于现在正火热的短视频趋势来讲就更有利了，可以运营抖音、快手、视频号，多去研究一下这个领域的对标账号，看它们是以什么样的视频方式去做展现的，找到适合自己的视频风格就开始运营吧。

第二，你喜欢写长内容还是短内容？

其实，我在2014年的时候就写过微信公众号，然后到2017年的时候，也遇到了今日头条，注册了头条号，当时无论是公众号文章还是头条文章，刚开始都踩到了所谓的平台红利期，文章的数据反馈，以及账号的增粉情况还是非常可观的，但是这两个平台无一例外我都没有办法持续下去，因为我发现自己不太喜欢写长文章，也没有办法做到每天都写长文，所以渐渐地就不太符合平台的主要内容输出形式了。

后来我喜欢上了在朋友圈进行碎片化分享的形式，把我的一些观点，平常的感悟通过文字形式写出来，这些就是短内容的形式。这种输出形式对于我来讲是没有任何压力的，它不像写长文，需要我去做一个整体的构思，还要花大量时间排版，等等，所以朋友圈分享，我就坚持做下来了。

说到这个，必须先说明一下，我们要做内容输出，长短内容都是会涉及的，没有绝对的只做短内容和长内容，但是有偏重点。比如，我不喜欢写长内容，但是写书或者偶尔写文章，也是可以的，但大部分时间我还是爱写短内容。

所以这个问题也可以换一个问法，你先聚焦做哪种内容？

如果你摸清楚自己能长期做的，没有压力的输出方式，那这个路径就是你的核心竞争力。因为一个有压力的输出方式，如果内心没有极大的热情和动力的话，长期输出也是会遇到瓶颈的，并且在这条路上，你还要和那些对这个方式有极大热情的人来竞争，他们会做得比你更好，而且看起来好像并不需要花费很大的力气，那是因为他们很热爱，并且擅长，所以我们不要用自己的短板去与别人的长处抗衡。当用自己热爱和擅长的方式去做事情的时候，也就等于是在发挥自己的长处，自然就变成了创造模式，而不是跟别人竞争的模式。

第三，有适合你的输出风格的平台吗？

然后再来分析，长短内容有什么表现形式和对应的平台。没错，是根据我们自己适合的方式来决定做什么样的流量平台。

短内容，头条系是微头条、西瓜视频、抖音、问答平台等，但是优质回答基本也算个长内容了；腾讯系，是朋友圈、视频号；新浪系，是新浪微博等。再从这里面找一到两个可深耕的内容形式，

第三章
打造个人品牌，以喜欢做的事情谋生

持续输出。

长内容，头条系如头条文章、长问答、超过1分钟以上的vlog视频（微录，博客的一种类型）等；腾讯系如微信公众号；还有微博长文章，知乎文章/回答，其他自媒体平台的文章形式，等等。

当我们确定了自己是做短内容还是长内容比较得心应手的时候，就可以在相应的内容常用的平台里面做选择，看看哪些平台的内容形式和调性是你更加喜欢的，并且在输出时是有动力和热情的。

这里还有一个判断的方式，就是留意自己平时无意中最喜欢去哪些平台逗留和浏览信息，那这个平台很可能就是你喜欢的内容输出风格和调性，也更容易在这样的平台做出用户喜欢的内容。很难想象，一个从来不看抖音的人能够做出一个抖音的大号，因为从来不看这个平台或者不喜欢刷上面的视频，就无法深入平台对应的用户群体氛围里，如果一定要在这个平台上进行创作，就像盲人摸象，也会导致你摸不清用户喜欢的内容。所以在你平时就喜欢投入时间和精力的平台上创作，同样是一个很好的切入点。

第四，你对平台的调性和用户群体了解吗？

用短视频来举例，抖音、快手以及视频号这三个平台都是以短

视频输出为主的内容平台，但是这三个平台的视频创作风格和调性，差别却非常大。首先，抖音因为一开始是从音乐路线切入的，所以视频在表现形式上非常酷炫，爆款视频通常带有演绎和夸张的成分，用户群体多以一、二线城市的年轻人为主，所以如果平时在镜头面前表达和演绎就是你的兴趣，属于非常潮流的表达者，那你一定会在抖音平台上找到属于你自己的一片天地；而快手，更多是草根自身技能和才艺的展示平台，它的视频画风跟抖音的风格也是不太一样的，用户群体多以三、四线城市的人为主，当然现在这两个平台都在慢慢地覆盖全部用户群，只是依然会有所偏重；再来看视频号，它是腾讯在2020年年初发布的战略级短视频产品，继承了腾讯做社交产品一贯的冷静克制风格，没有沉浸式的用户体验，在这个平台上面做视频，不需要你做过多的演绎，真实更为重要，你只需要真实地把你想表达的内容传递出来就可以了，所以它跟抖音的群体也是不一样的，不喜欢抖音风格的群体，可能会喜欢上视频号的风格。

当然除了以上的这些平台，还有其他你不熟悉和没有分析到的平台，同样可以用这个方式去分析自己适合在哪个平台长期经营。

另外，除了热爱这个要素之外，还需要考虑平台给予你的反馈。就是你在这个平台创作的时候，获得的用户认可多吗？平台给你推荐吗？如果都符合，就持续发力。如果你只是一个人在运营，最好只从一个平台发力，先把这个平台做到极致，后期才会有更多的资源跟机会，时机成熟时可拓展其他的平台。

第五，所谓的平台风口和红利期要追吗？

每一个平台出现的时候，都会有很多人说：现在这个平台正是红利期，快上车吧。好像你不进场，随时就会有落后的感觉。但是如果你仔细去观察，会发现所谓的红利期，其实只能让一小部分人获得成功，而这些成功的人无一例外都有过往相应的积累，并不是突然爆红的。他们多年的积累加上遇到了适合自己的平台，所以就成功了。你没看到的真相是，更多人进去了之后发现难以分得一杯羹，然后就黯然离场了。

其实所谓的风口只是给适合它的人准备的。时机不到蹭上去也只会是昙花一现，不能持久。就像我自己一样，曾经接触很多自媒体平台，写过微信公众号、头条号、微博、知乎，甚至还做过抖音爆款视频。因为自己不擅长平台特性的输出方式都没有持续下去，并不是数据和结果不好，而是内心不喜欢。最后我是在无意间开启了朋友圈分享模式，从而一发不可收，就算没有什么点赞数，也扑灭不了我持续在这里分享的热情，就这样写到现在居然也有三年左右了，而一路下来我在这里收获了一大批学员和粉丝，竟然还遇到了人生中的贵人，我也是在这个小小的平台上实现了从职场到自由

职业的转变……这些都是几年前没有想到过的。

因为性格慢热，我始终觉得自己不属于爆火的类型，不喜欢任何套路，也不喜欢一飞冲天，还是慢慢发展感觉比较稳妥。朋友圈就像是我的精神后花园，如果有人疲倦了，或感觉内心缺乏力量的时候可以随时来这里逛，有一种在自家花园和朋友们坐下来喝茶聊天的轻松和惬意感。

所以，当遇到风口时你可以去参与，去体验和尝试，但是最后发现不适合也真的不必焦虑和不舍得放弃。因为真正适合你的，对你来说一直处在风口期，你不会错过的。

就像做职业规划一样，当你有了方向，你依然要用自己最热爱和擅长的方式去达成目标，这会让你少走弯路，和找到方向是同等重要的。

在工作中升级打怪，练习梦想

1. 在工作中锻炼出自己可迁移的核心竞争力

如果我们在刚毕业，或者在人生中选择第一份工作的时候，就

第三章
打造个人品牌，以喜欢做的事情谋生

能清楚地知道自己想要什么，喜欢什么，从而选择一个自己热爱并且擅长的工作，那简直是最理想的状态了。你可以在这个职业里面一直精进自己，更早地达到自己的人生目标。但是，现在大多数人都没有办法做到这一点，因为过去职业规划在学校教育里面是相对缺失的现在以及未来生涯教育都会下沉到青少年甚至儿童阶段。生涯规划的意义就是帮助大家尽早探索到适合自己的方向，不用浪费太多的精力走弯路，提前过上自己喜欢的生活。

在未来个体价值突出的时代，如果还是按从前那种吃大锅饭的模式，随便投身一个工作领域，一个人是很难快速成功的。每个人只有发挥自己的热情和天赋，才能在未来走得更快和更远，也更容易成功。其实从目前大学生找工作的趋势和考虑的因素也能够发现，现在出来工作的"95后"，薪酬已经不再是他们考虑的主要因素了，他们更加注重自己的兴趣爱好，更加注重公司的氛围和是否能获得更多成长机会和空间，等等。当物质不再是第一位的决定因素时，回归自己的初心就变成了人们选择职业的趋势。

在工作了多年想要离开，且转型成本很高的情况下，还有没有别的选择呢？有的，就是在工作当中为梦想铺路，但前提是你知道自己的梦想是什么，把工作当中喜欢的环节放大，形成自己的核心竞争力，未来迁移到自己热爱的事业当中去。就像当时我在做招聘

的时候练习出来的沟通力、洞察力和亲和力这几项能力，它在我转型为生涯规划师的时候，给了我很大的帮助，一直到现在，它也是令我非常受益的能力。

2. 8小时外的人生，拉开了你和其他人的差距

毕业几年后，如果你想转型，那也要小步快跑，一步步验证，不用着急辞掉工作。当然也有另一种情况，如果经济无任何负担，工作已经无限损耗了你的精力，情绪长期处于烦躁的状态，你也可以先脱离目前的工作环境，让自己休息一段时间，再慢慢投入转型的新工作中。在没有太多压力的状态下投入新的工作，你会有更多弹性的成长空间，无意间推动了你事业的快速发展。

8小时以内我们在为主业努力地付出，8小时以外还可以建立起自己新的事业雏形。很多人说自己没有时间，上班太忙了，但其实这都是借口，因为即使他们周末有很多业余时间，也是把时间浪费在刷新闻、玩游戏、逛街和淘宝上了。你每天哪怕投入一个小时到你的梦想、你的兴趣爱好中，一两年下来，它可能就会变成你新的人生事业选择，会极大地扭转你的下半场人生。发现自己不满意当前的工作不是最可怕的，最可怕的是当你发现了之后，你依然不做改变。其实你只需要每天付出一点儿额外的时间，就有可能提前

实现你想要的人生。我就是每天利用工作之余的一两个小时去做咨询和课程，在 8 小时外建立起自己一生热爱的事业的。

3. 自由职业的核心是职业，而非自由

成为自由职业者可能是很多人的梦想，但我必须说，自由职业者的核心是职业，而不是自由。如果你盲目地成为自由职业者，却没有自己的核心竞争力，也没有找到方向，只想借自由逃避主业工作，那结果可能会让你失望了。

一名学员告诉我，之前他花了 1000 元找了一位咨询师想知道自己未来适合做什么，那位老师鼓动他辞职，全身心投入自己的梦想中去。他照做了，经过一段时间后，发现太痛苦，确实是在做喜欢的事，但没办法养活自己，每天都在想如何赚更多的钱，初心已经偏离了做事业的本质了。

我看过太多的创业者（包括曾经盲目地跨入陌生领域创业的我自己）的经历，他们一开始都是奔着钱去的，每天都心惊胆战。因为钱只是一个结果，是你把事情做对了的结果，创业的本质更多的是你能为他人提供价值，并专注把这件事做到极致，财富只是附属品。那么你能为他人提供价值的这个维度，就是你的"职业"能力，你的优势；仅有热爱还不足以把它变成养活自己的职业，你必须不

断在这个方向上练习和提升，把这个热爱的事情变成你擅长的事情，进而帮助更多人。

我是受益于古典老师的《跃迁》一书而走上生涯规划师的道路的，前一段时间我第三次看这本书时有了新的领悟，古典老师正是有感于人生的方向和选择、人的心智对人有深远的影响，才开始从事生涯教育的。

要做好一个人生规划必须考虑方向，相关选择涉及的都是人的认知，以及时代的趋势。 在这个时代，仅凭个人努力是不够的，需要懂得借时代的势来放大个人的力量。只有你的认知格局不断提升，看得更高更远，你才能具备不断把选择做对的能力。所以，生涯教育的本质是梦想教育，是事业教育，甚至是认知教育，而绝不仅仅是职业教育。

一名好的生涯规划师除了需要具备引导学员选择事业方向的专业能力外，更应该在选择认知、心智格局上有更多作为。**正如父母的见识和格局决定了孩子的起跑线一样，一名生涯规划师的见识和格局更会影响学员人生规划的天花板。**

作为一名生涯规划师，我深知这份责任，没有一定的人生阅历，经历一些风雨和世事沉淀，岂能随意为人师。所以自由职业者的核心是职业，这个才是你的核心竞争力，并能为你持续带来正向的价值反馈，这个反馈包括用户给你的支持，包括你的价值变现等。只有在这个前提条件下，你才能获得真正的自由。

4. 以合伙人的心态来工作，为梦想蓄能

当我们把视野扩展到 5 年到 10 年后，我们对待目前的工作就有了新的态度，在目前的工作中成就梦想，为未来的个人理想画面蓄能。从现在开始，你就要用合伙人的心态来对待自己的工作，在工作中自己能控制的那部分，自己喜欢做的那部分尽可能地发挥出自己最大的潜能，通过长期的刻意练习，将打工者的思维切换成创业者的思维。这样你离开了任何一个平台，都能把自己经营得很好，在未来想要转行到自己梦想中的那个职业的时候，也会更加顺畅。

这样的体会，其实是在我创业失败回到职场之后才产生的。在创业之前，我虽然工作做得还不错，但也只是打工者的思维，想着把手上的工作做完就好了，即使有不好的情绪，也会克服，并没有从更高的维度去看待工作。经历了完整的创业后，历练出来的创始人思维使我回到职场后能站在更高的维度用更成熟的心态去面对同样的工作。我发现我不再是几年前那种把手上的工作做好就可以满足的思维了，而是会去思考怎样让目前的工作有更大的突破，甚至会站在领导和上司的层面，考虑他们会怎么去做我的工作。所以，

虽然我有两年时间没有接触招聘了，没有职场上的工作经历，但是回到职场后，我的招聘结果比几年前要更加突出和亮眼了。究其原因，不是我在招聘这件事情上重复练习了多少遍和提升了多少技能，而是我在这件事上的思考角度和认知高度已经和过去完全不一样了，我会以一个真正的创业者和合伙人的心态来对待当前的工作，不管未来如何，也不管在这家公司工作多久，至少现在的工作我是可以去把控并尽自己的能力做到最好的。

如果在工作当中我能够以合伙人心态去为自己的工作负责，那么当我成为一个自由职业者的时候，也会拥有良好的自我管理能力和运营好自己个人品牌的能力。所以我第二次离开职场成为自由职业者的感受，跟几年前创业时的感受是完全不同的：一方面是做自己热爱的工作，内心的满意度和幸福感很高；另一方面是在心态上有了极大的变化，有一种可以自己掌控以及把握节奏的从容淡定感。

环境在不断地变化，2020年甚至出现了疫情这样的黑天鹅事件。我们面临的不确定事件越来越多，当我们拥有了确定的要素之后，以不变应万变才是真正的人生智慧。这个确定的要素，可以是你的热情，是你的天赋，是你的使命，是你的人生准则，是你的核心竞争力，等等。它们在帮你建设属于你的人生护城河。

如何选择适合自己的职业和平台

在我们还没有完全具备自由职业的心态和能力时，或者并没有发现自己真正要往什么方向发展的时候，大部分人还是需要在平台上先进行历练的，所以在你大学毕业之后，如何选择适合自己的职业平台，又或者在职业转型的期间如何跳槽，需要考虑什么样的因素，等等，同样是很重要的问题，因为它们关系到你往后的能力和资源积累。有时进入一个不恰当的环境和不合适的平台，浪费的不仅是你的时间，你还会因此错失很多成长的机会。你原本可以快速地达到自己的职业目标，但中间错误的选择消耗了你大量的心血，你实现目标的时间被无限延长了。我再从职业规划角度来谈一谈，该怎么选择合适的职业和平台。

1. *所有的选择都基于你长远的职业规划*

在前面第二章我谈到大家如何去发现自己到底适合什么样的工作的问题，如果你察觉到自己比较喜欢跟人打交道，那你在选择工作的时候就要去梳理一下，有哪些工作需要跟人打交道，你就不会去考虑跟数据和事物打交道比较多的工作，比如会计。先考虑自己的职业规划倾向，再去做具体的职业选择。

进一步探索，确认自己喜欢跟人打交道后，还需要去思考自己是喜欢正常无压力的沟通交流，还是喜欢拓展新人脉的工作，这是霍兰德 S 岛社会型和 E 岛企业型的区别所在。之前在给一名学员做生涯咨询的时候，我发现他喜欢跟人打交道，刚开始他对我说想要听从别人的建议去做销售，因为听说做销售最能锻炼人，以后去做别的职业也比较容易上手。我问他：你是比较喜欢高竞争和高压力的工作模式还是喜欢和谐无压力的人际交往模式？你在平时的日常生活中是非常外向，喜欢不断去拓展新朋友的人吗？他说其实自己的性格是偏内向的，更喜欢正常的交流，不喜欢去拓展新的人际关系。从这一点上来讲，他属于不喜欢处理人际冲突和压力的社交型。聊完之后，他意识到销售其实并不是他喜欢的工作，他会考虑往人力资源领域发展。我同时提醒他在人力资源六大板块里面，也有偏重跟事情打交道，以及偏重与人打交道的不同模块，比如招聘，它其实和销售有类似的工作性质，需要不断拓展新的渠道和新的候选人。于是，他很快就清楚自己要往培训的板块发展，哪怕从培训助理岗起步，也是和自己长远的事业方向更匹配的。

第三章
打造个人品牌，以喜欢做的事情谋生

如果你非常有艺术热情和天分，不要去选择一些循规蹈矩的工作，或者在一个氛围非常死板，制度非常严格的环境里工作，因为那样的环境会让你非常难受，也没有办法让你发挥出自己的创意和天赋。那如果你已经处在这样的公司里面，又没有办法短时间内离开的话，那么业余时间一定要把自己的天分释放出来，利用空闲的时间去做喜欢的事情，将自己的热爱和天赋充分发扬光大。

2. 梳理清楚你的核心职业价值观

凡是涉及做选择，无论是选择职业还是平台，都需考虑选择标准的问题，也就是你是基于什么样的标准才去做这个决策的。我们去做一个职业的决策，最核心的标准来自我们内心真正在意的职业价值观。有人会觉得收入对他而言最重要，有人会觉得发展空间最重要，还有的人会觉得在他目前的工作和年龄阶段，家庭陪伴对他而言是最重要的，所以当你把最重要的一个价值观梳理清楚之后，就会发现之前在一些选择上的纠结瞬间就被化解了，其他考虑的要素都可以为这个核心要素让路了。如果这个核心的要素没有被满足，即使你选了满足其他部分要素的职业和平台，很快会再次陷入迷茫和纠结中。

就像选择伴侣一样，我们当然希望选择的伴侣优点越多越好，但是我们都知道没有人是十全十美的，同样，也没有一份工作和平台是十全十美的，所以你必须要梳理清楚对你来讲，最重要的东西是什么。你需要在不同的阶段去梳理自己的职业核心价值观，当核心价值观产生了变化，就要分析背后的原因了，也就是从上一次到这一次中间产生的变化，是不是因为其间出现了一些外在环境以及客观因素的变化，导致你最在意的要素也出现了变化。

我的一名学员发现他的职业核心价值观是经济报酬，于是他选择了一份高薪而忙碌的工作，压力也很大，但是疫情之后，他突然发现自己对这份工作出现了倦怠的情绪，内心缺乏动力。这个时候他再来做自己的价值观梳理，发现核心的价值观是空闲的时间。和他聊完后我才知道，原来他在疫情期间突然多出好几个月和家人共处的时间，感受到了陪伴家人给他带来的幸福感，因为工作而失去非常多的个人时间是他内心不满意的根源，所以他希望之后自己的工作能有更多空闲时间以更好地陪伴家人。他因为核心价值观发生了变化，职业选择也随之发生了改变，不管工作提供多好的收入、环境和发展空间，只要不能满足有空闲时间这一点，他就不会长期做这份工作。

所以这里所说的选择不是按照世俗理解而做更好的选择，比如，一定要选发展空间更好的平台，或是收入更高的工作，等等，而是要站在你内心深处，选择当下那个最适合你的工作机会。

3. 选择平台，也是选择创始人和文化氛围

如果涉及职业选择的部分，我们需要从个人身上的价值观、热情和天赋出发，那么在选择平台的时候，有没有更好的选择标准呢？当然大家也可以用上核心要素筛选法则，另外还有一个很巧妙的方法，就是我们可以观察和比较平台创始人的风格以及公司的文化氛围。假如你有两个录取通知，给你的收入差不多，公司规模和知名度也差别不大，这两个平台也满足了你最关注的核心要素，你没有办法做出选择，那这个时候不妨去看看这两个公司的创始人在平台发表的言论或演讲。你在面试过程中感受到的公司文化氛围，也可以作为你做决策的出发点。

一个公司的发展天花板会受到创始人认知高度的局限，公司内部的制度和文化氛围等，都是由创始人的价值观和处事风格衍生出来的文化体系，在面试的时候，也可以多观察一下这家公司员工的工作氛围以及整体精神面貌，你会从这些细节当中发现更多线索。如果公司的员工看起来非常忙碌，非常憔悴，工作起来也没有热情，那你基本可以预见到自己进来之后，处于这种状态的概率也会比较高；如果这家公司的员工都面带笑容，温和从容，非常享受工作的

感觉，说明这家公司有包容和爱的工作氛围，甚至创始人也是这样的风格。

我当时选择一家培训机构的时候，在两家培训机构里选择了其中一个，就是因为当时这家培训机构的顾问给我的感觉非常专业、温暖和接地气，跟其他公司的销售那种生硬的催单风格完全不一样。我当时的想法是，一家公司的员工对客户的态度，就是这家公司对员工的态度，依此可以窥见企业内部的工作氛围和它的文化价值观，因此我判断这家公司的文化是比较宽容和温暖的，课程体系应该也是比较接地气的，所以就报名了。事实证明我这个判断是对的，他们的课程非常接地气，课堂氛围也很温暖，老师很有亲和力。而另外一家公司后来我也去考察了一下，内部是一个相对严谨和流程繁杂的工作模式，所以员工对客户也是冷冰冰的，缺乏灵活性及亲和力，能明显感觉到整个过程员工只是在机械地完成自己的销售任务。

有一本书叫《海底捞你学不会》，其实不是说你学不会他们员工的服务模式，因为服务模式其实很简单。真正难学的其实是背后由公司创始人的认知、企业文化氛围所逐步影响和贯彻的软实力，这些才是它最大的核心竞争力。

选择一个合适的职业和平台，主观和客观因素都很重要，在做好职业规划的同时，也要擦亮眼睛选择适合自己的平台。

下篇

面试宝典

第四章　面试前的准备

※ 如何写一份简约但不简单的简历

※ 简历的正确投递知识你知道吗

※ 接到面试邀约电话时应该做些什么

※ 查询准确的出行线路，详尽了解公司及岗位信息

※ 你应该知道的面试着装和礼仪

如何写一份简约但不简单的简历

简历,顾名思义,就是简单的履历。所以,简历不必一味地追求全面,追求翔实。简历其实就是一个引子。如果简历写得够好,那么面试官是很有兴趣约你来参加面试的,因为,面试官知道,只有和你面对面交流,才能更加清晰地了解你。与此同时,我们要知道,面试官一天要看很多份简历,平均一份简历的浏览时间可能只是几十秒钟,所以,如果你的简历不能在很短的时间里引起面试官的兴趣,那么会被直接淘汰。

在我们探讨如何写好一份简历之前,先来了解一下面试官的关注点。我们只有了解了对方的想法后,才能够对症下药,也才会事半功倍。

第一,面试官喜欢直观明了的简历。

第二,面试官喜欢意向明确的简历。

第三,面试官喜欢定位清晰的简历。

第四,面试官喜欢逻辑顺畅的简历。

第五，面试官喜欢能够量化的简历。

了解了面试官的喜好后，我们再来写简历就简单容易多了。

第一，简历能一张纸写完就一定不要写两张纸。

有些人恨不得把过去的点点滴滴全部写进来，生怕面试官无法了解自己，其实这是错误的。因为一方面面试官没有耐心看，另一方面也表明你这个人不会总结提炼。所以，简单直观、一目了然的内容就足够了。那些模式化的描述一定要简略。比如，之前供职的公司介绍、供职岗位的描述和工作职责等，尽量简化，千万不要从网上复制一大段内容然后直接粘贴过来，这样不仅占用篇幅，而且还显得特别没有诚意。另外，在简历排版和布局上，也不要花哨，不需要彩色制作，不需要中英文对照（除非应聘公司有要求），也不要在简历上贴大头照（除非应聘公司有要求，如果非要提供照片，那可以在投递简历的邮件附件里放一张真实的生活或工作近照），总之，简洁大方就好。

第二，求职意向要放在简历的醒目位置。

有些人的简历，招聘人员从上到下、从前到后地看了半天，都没有看到他到底要应聘什么岗位。遇到不耐烦的面试官，可能直接就看下一份简历去了。所以，求职意向最好写在简历的开篇，方便面试官一眼看到。

第三，职业的定位一定要清晰。

有些人的简历，通篇看下来，不知道他究竟擅长和专注什么，不知道他要表达什么。乍一看，这个他运作过，那个他也操作过，但就是不清楚他现阶段的定位是什么。如果是这样，面试官也就很不耐烦了。所以，不要想着一份简历打天下，不要应聘什么岗位都是这一成不变的固化简历。应该有针对性，有侧重点，通篇内容要紧扣主题。

第四，简历要突出亮点且逻辑顺畅。

因为简历篇幅有限，所以，在填写的时候，尽量把你认为含金量高，你认为最出彩的部分着重突出。比如，单列一行，或者改变一下字体。打动面试官的，往往就是这几句关键的描述。另外，前后顺序和逻辑关系一定要顺畅，千万不要想到哪里写到哪里。时间轴要清晰，工作递进要有条理。

第五，简历要尽量用数据说话。

有些岗位，是跟数字打交道的，那么就需要把这些可量化的数据都呈现出来。比如，你是做投融资项目的，简历就应该写清楚你一共做过多少个项目，每个项目的规模有多大，资金盘面有多少，等等。再比如你是做销售的，就可以写上你曾经的业绩情况，不要光说什么"销售冠军""业绩优异"之类的话，你应该列出完成的实际数据，包括同比、环比增长或者下降的数据。这样就会给面试官一种更加具体且生动的感觉。

综上所述，我们既揣摩清楚了面试官的想法，然后又对症下了药，那根据这些情况写出来的简历，一定更容易入他们的法眼，一定更能帮助我们赢得更多的面试机会。

简历的正确投递知识你知道吗

关于简历的投递，大家千万不要过于随意，不要以为这不重要，事实上，这一点很关键。因为这是你简历的第一次亮相，亮相没有做好，会影响接下来一系列的流程推进。

1. 简历投递的时间选择

多年与 HR 打交道的经验告诉我，晚上的时候越晚投递简历越好。因为 HR 邮箱里的简历是按照时间来排序的，越晚投递，你的简历越靠前，这样也就越容易让 HR 先看到。现在的邮箱都有一个定时发送的功能，大家可以把邮件发送的时间设定好，如果你勤快，也可以早点起床，在 HR 上班之前投递出去。HR 看简历，一般对前面的比较有兴趣和有耐心，越往后越不耐烦。这些细节大家也要善于去发现。说到这里，有一点不得不提醒大家，就是如果你的简历比较靠前，那么 HR 很有可能在 9 点半左右就打电话给你，而你此时有可能还没有起床（针对离职在家的这部分人），你的手机响了半天也不接，或者接通的时候说话还带着困意，这是大忌。你一听有电话打过来，应该强迫自己清醒起来，干咳两声，清清嗓子，然后再接通，这会给 HR 留下一个好印象。

2. 简历投递的邮件格式

有些求职者在投递简历的时候，对于如何写邮件给企业是没有太多讲究的。有些人甚至都不写邮件主题，直接拖拽自己的简历作为附件后就发送了。有些人尽管写了邮件主题，但是写得也很不规范。这样，不仅显得没有礼貌，更重要的，显得自己没有水平。那么写邮件的正确方法是怎样的呢？

首先，邮件主题应该规范。比如，中国移动—刘佳简历（应聘运营总监岗）。

这样的主题一目了然。既有应聘公司的名称，又有自己的姓名和应聘的岗位。接收到简历的 HR 一看，也会顿生好感。如果你不写主题，或者写成"应聘运营总监"，或者就只写"刘佳简历"，这就显得不规范，不严谨。另外，在给自己的简历文档命名的时候也要注意，有些人只写"简历"，或者"刘佳"，或者"刘佳的简历2017.8.18"等。这样的命名瞬间就给人一种很没水平的感觉。我们应该这样命名："刘佳简历""运营岗—刘佳简历""中国移动—运营岗—刘佳简历"。

其次，邮件正文应该职业化。有些人是不知道怎么写正文的，或者压根就没有想着要写。所以，要么就空着，要么就随便几句话。这样就显得很不职业。我建议大家还是要写正文，哪怕几句话也好。那正文应该怎样写呢？

（1）称呼礼貌得当。比如这样写：尊敬的 HR：您好。千万不要不写称呼，也不要仅写个"您好"放在那里。这样很不礼貌。另外，从文法格式上，称呼是需要顶格写的，"您好"要换行且空两个字符。

（2）自我介绍要简短。自我介绍要简明扼要。如果你是应届毕业生，或者刚步入职场不久，则需要把自己的毕业院校、专业、学历，以及实习或者工作经历等信息都写出来，字数尽量控制在100字左右。比如可以这样写：我是中国政法大学法学专业本科生刘佳。我之前在×××公司实习（或者：我之前在×××公司工作过），有一定的工作经验，对行业也有一定的了解。

如果你是职场老兵，则可以这样写：我叫刘佳，今年35岁，

祖籍四川。我过往的几段工作经历以及专业能力应该契合贵公司的需求。

（3）求职意向要明确。做了自我介绍后，就应该马上直奔主题，把自己的求职意向写清楚。比如可以这样写：我过往的实习及工作经历与贵司的法务岗较为匹配，我曾经在×××公司和×××公司工作过，于是我将自己的简历投递到贵司，希望贵司可以给予面试的机会，谢谢。

也可以这样写：我之前在×××公司就是专门负责这一板块的，从前期的构思到最后的落地，我全程参与其中，自认为完全可以胜任贵司的这个×××岗位。谢谢。

求职意向也不必长篇大论，清楚明确就好。

尽管我们已经在附件里添加了一份自己的简历，但是为了让HR更方便、更直观地看到简历的内容，我还是建议大家在邮件的正文里把简历的内容复制粘贴过来。这样一来，HR在没有下载附件的时候，就可以直接看到你简历的内容。另外，有时候因为一些网络或者技术的原因，附件也很有可能不能正常下载，或者不能打开。所以，简历贴到正文里，还是很有必要的。

3. 简历投递的渠道途径

有些人喜欢海投简历，一份简历投很多家公司，或者同一份简历在不同的网站平台上投递。这样做也是不对的。投递简历一定要有针对性。假设你要应聘互联网相关职位，那么选择智联招聘和拉勾网就好；如果你想应聘保安、保姆和快递等岗位，那么选择58同城和赶集网就没有问题；如果你想应聘经营管理岗，那么选择猎聘网就对了，猎聘网上有很多猎头，他们会主动联络你，然后帮你推荐工作。当然，如果你觉得自己是一个优秀的人才，不需要从网上投递简历，那么可以直接委托猎头顾问帮自己挑选。

4. 简历投递的邮箱选择

我们可能有好几个邮箱，比如 QQ 邮箱、网易邮箱、hotmail 邮箱等。那么在投递简历的时候，应该用哪个邮箱呢？有些求职者不注意这些，认为不重要，但事实上是很有讲究的。

首先不建议使用的就是 QQ 邮箱。因为 HR 会觉得 QQ 邮箱显得不正式，不职业。再说了，现在 QQ 都不怎么使用了，谁还用 QQ 邮箱来投递简历呢？

其次，那些免费且小众的邮箱不建议使用。这类邮箱，一方面稳定性可能不太好；另一方面，发送邮件的时候各种限制也比较多。比如，兼容性限制、附件大小限制等。还有就是很容易携带病毒，所以不建议使用。

我建议使用大平台的邮箱，比如，网易邮箱、hotmail 邮箱，如

果有 VIP 邮箱就更好了。这类邮箱一方面稳定性和安全性更可靠，另一方面也更容易让 HR 印象深刻。

综上所述，看似简单的简历投递，其实包含的信息还是很多，而且也是很重要的。我们了解了这部分内容，就可以做到事半功倍。

接到面试邀约电话时你应该做些什么

提及这个话题，很多人心里可能在想：不就是接一个电话吗？这还有什么门道可讲？如果大家这样想，那就错了。你还真不能小瞧这一通面试邀约电话。接好了，那对于随后的面试一定可以起到正向的促进作用；如果接得不好，那就错失了大好机会。如果你们不信，那就接着往下看。

你的简历投递出去之后，如果被企业看中，那么企业就会来电通知你参加面试。当你接听这通电话的时候，不同的沟通交流、不同的关注点就会导致不同的结果。

我们来模拟一下这个场景。假设，举贤网的人事部给我打来了面试邀约电话，以下是我们的交流情况：

"您好，请问是刘佳先生吗？"

"我是，您是哪位？"

"我们这边是举贤网，我们收到了您投递过来的简历，所以今天来电话，就是通知您到公司参加面试。"

"哦，好的，谢谢。"

"不客气。公司地址在朝阳区×××大厦，请您明天下午两点准时参加面试。"

"好的，我知道了，谢谢。"

然后我挂了电话。

各位，我们现在想想，这样的交流有问题吗？如果单从信息传递和信息接收的角度而言，没什么问题。对方说清楚了，我也听清楚了。

那现在，我们再来模拟一个同样的场景下但不同的问答形式，看看会有什么不同。

"您好，请问是刘佳先生吗？"

"我是，您是哪位？"

"我们这边是举贤网，我们收到了您投递过来的简历，所以今天来电话，就是通知您到公司参加面试。"

"哦，好的，请问我投递的是运营总监岗吧？"

"是的。"

"这一批大概有多少人被通知过去面试呀？"

"嗯……这个具体我不太清楚，大概五六个人吧。"

"好的，谢谢。请问我的面试官是哪一位？他怎么称呼呢？"

"是我们的人力资源总监，她叫宋佳，是位女士。"

"非常感谢，除了宋总，还会不会有用人部门的领导一起面试我呀？"

"这个不一定，如果宋总跟您沟通得不错，可能就会叫用人部门的领导再跟您聊聊。"

"那咱们用人部门的领导怎么称呼呢？大概多大年纪，我先了解一下。"

"他叫张宇。四十岁左右。"

"好的，真的很感谢您。我最后再问一下，宋总和张总进入咱们公司多久了？您知道他们是哪里人吗？"

"宋总刚来公司一年，张总在公司已经五年了。宋总是安徽人，张总好像是湖南人。"

"好的，您怎么称呼呢？今天真的非常感谢您。说不定我们以后就是同事了啊。"

"别客气，我叫魏雪。那公司的地址您记一下：朝阳区×××大厦，请您明天下午两点准时参加面试，祝您好运，再见！"

我们来回看一下这个情景模拟。有没有觉得哪里不同？有没有觉得短短几句问和答，却包含了诸多信息，而且都是我随后可以用到的信息？

如果你感受到了前后两次模拟的不一样，感受到了信息流，那就说明一通小小的电话接听，却蕴含着巨大的能量。

当然，也有朋友可能会说：凭什么对方就会那么有耐心回答你的问题呀？凭什么对方就一定知道你问题的答案呢？凭什么……其实哪有那么多的凭什么呀？如果按照这个逻辑，我也可以反问：凭什么对方就不愿意回答我的问题呢？凭什么对方就一定不知道我问题的答案呢？所以，凡事只有去尝试，去实践了才有发言权。你压根儿没有这个问话的意识，你压根儿也就不知道要问些什么，所以，后续的关联事项你也就不会想到。

后面这一次模拟，通过几个简单的问题，我却获取了重要的信息，而这些信息对我接下来的面试则可以起到重要的推动作用。

首先，当我到达应聘公司，推门进入面试间，面对已经落座的面试官，或者当我先到达应聘公司的面试间，等待面试官进来的时候。此时此刻，我的心里是有底的。

当我看到面试官的那一刻（假设只有一个人，而且是一个女士），那么我可以直接说道：宋总，您好，我是今天的应聘者刘佳，感谢您抽出宝贵的时间来面试我。大家想一想,当对方听到我这样一句开场白的时候,会不会感到惊讶。因为她脑海里马上就有一个疑问:他怎么知道我姓宋呢?有了这个稍微不一样的开场白,我就很容易给面试官留下一个好的印象。

接下来的聊天过程中,我可以有意无意地提及她是安徽人,她刚来公司一年的这些点,这样她会继续感到惊讶,于是就会忍不住问我为什么知道这些。然后我就回答说我已经提前做了功课。这样的回答,一定是加分项。

如果我面前是两个人(一男一女),那我就可以这样说:"张总、宋总你们好,我是今天的应聘者刘佳,感谢两位领导抽出宝贵的时间来面试我。"这样的开场白,效果同上。

由于我提前做了功课,所以我就会大致推算面试官的好恶和提问习惯(可以根据对方的年龄、籍贯以及进入公司的年份推算),这样我就更容易聚焦,更容易拿捏分寸。

还有一点,由于提前从魏雪那里知道了这一批应聘者只有五个人,所以我的机会就是五分之一,只要我正常发挥,获得录取就应该不是难事。想到这些,我就会更有底气,更有自信。

讲到这里,我有必要再强调一下重点:**第一,不要轻易放过面试邀约的这一通电话,只要对方没有挂电话,我们就应该尽可能多**

地去获取信息。所以，在接到电话之前，很有必要提前预设好自己关心的问题。第二，如何预设问题（也可以参考我上述的问题）也很重要。我的建议是，除了关心面试官外，可以尽可能多地了解一下公司的运营、发展情况，了解一下应聘岗位的侧重点。多去了解这些，一定也会让你的面试事半功倍。

综上所述，看似一通普通简单的电话，却可以获取到一些重要的外围信息，这样你就更容易在面试中有条不紊，有的放矢，给自己赢得更多机会。

查询准确的出行线路，详尽了解公司及岗位信息

上文中，我们探讨了面试邀约的话题。下面我们就来聊一下，面试的准备工作应该做些什么，以及如何做会更好。

了解出行的线路。出行线路一定要多查询几条。比如，我们要到 A 公司所在地面试，那么我们就需要查询出至少两条线路出来。因为大家都很清楚，大城市的交通总是比我们想象得更复杂、更拥堵。所以，我们要提前在手机上查询好出行线路。与此同时，还要

关注面试当天的交通路况信息和天气情况。

出行的方式，我强烈建议乘坐地铁出行，因为只有地铁才能确保时间上不会有太大的误差。当然，如果你觉得时间上没有问题，那么打车和自驾也是可行的。但是我不太建议乘坐公交。一方面公交车的时间难以把握，另一方面，公交车拥挤，很容易出汗，或者弄脏衣服。如果那样，肯定会影响你的面试状态和发挥。

查询好出行线路及确定好出行方式后，我们就要腾出时间来做另外一件非常重要的准备工作——了解即将面试的公司及岗位信息。

了解公司。主要就是了解这家公司的创始人及高管团队的背景，了解公司成立至今的大事件，了解公司的融资情况（A轮？B轮？还是其他），了解公司的经营现状（盈利还是亏损），了解公司的发展趋势（收缩、扩张还是维稳）等。这些信息，可以从网上直接搜索查询，也可以登录该公司官网了解。

了解创始人便于我们分析这家公司的历史以及经营风格，还有企业文化（很多时候，从老板的风格和喜好能看出公司的企业文化）。

了解高管团队便于我们了解公司核心团队的战斗力，以及管理风格。还要了解，员工的入职或离职是否频繁，如果频繁，那一定程度上说明公司可能存在一些风险。

了解融资情况，了解经营现状，可以帮助我们判断这家公司的经济实力。

了解发展趋势，可以帮助我们判断公司未来的走向。

做好这部分功课后，还需要了解应聘公司的竞争对手，还要做一个简单的竞品分析。

了解竞争对手和竞品的办法，就如同你要去这几家公司应聘一样。所以套路流程类似，此外不再赘述。但如果可以通过人脉关系联络到竞争对手公司的人员，或是可以坐下来聊聊的话就更好了。这些内容，在面试的时候，很可能被面试官提及。如果你没有提前做好功课，那结果就可想而知了。

了解岗位，包括了解岗位职责和任职资格。岗位职责是指一个岗位所要求、需要你去完成的工作内容以及应当承担的责任范围。岗位是公司为完成某项任务而确立的，由工种、职务、职称和等级等性质组成，必须归属于一个具体的人。职责是职务与责任的统一，由授权范围和相应的责任两部分组成。

有些人往往只关注了职务和职称，而忽略了责任。事实上，我们更应该多关注责任，因为责任决定了我们的价值。了解岗位职责，就是了解需要我们具体做的每一件事，以及如何去做。我们下面来看一个营销总监的岗位职责。

营销总监岗位职责：

（1）参与制定销售战略、具体销售计划和进行销售预测。

（2）组织与管理销售团队，完成产品销售目标。

（3）控制销售预算、销售费用、销售范围与销售目标的平衡发展。

（4）招募、培训、激励、考核下属员工，协助下属员工完成下达的任务指标。

（5）收集各种市场信息，并及时反馈给上级与其他有关部门。

（6）参与制定和改进销售政策、规范、制度，使其不断适应市场的发展。

（7）发展与协同企业和合作伙伴的关系，如与经销商的关系、与代理商的关系。

（8）协助上级做好市场危机公关处理。

（9）协助制订企业产品和企业品牌推广方案，并监督执行。

（10）妥当处理客户投诉事件，接待客户来访。

上面有10条职责要求。如果你想应聘这个岗位，那这10条要求，你是必须要了解并尽可能满足的。有的是必要且充分满足，有的则是必要但不一定要充分满足。

作为胜任岗位的最重要前提，前面7条是必须充分且必要满足的。你作为一个营销总监,从制定销售战略到具体落地,从人员的招募到培训考核,从控制成本到团队管理,等等,都是你必须要做到的。任何一条不满足,你就不能胜任这个岗位。

后面这3条,也是必要满足的,但不一定充分。比如,危机公关和处理客户投诉事件,这些事情一般都会交给公司的公关部和客服部办理,作为营销总监,你需要了解或知悉,但不一定亲自出马。

其次要了解任职资格。任职资格是指为了保证工作目标的实现,对任职者知识、技能、能力以及个性等方面的要求。它常常用胜任职位所需的学历、专业、工作经验、工作技能以及能力加以表达。

同样,我们拿营销总监的任职资格来举例说明。

营销总监任职资格:

(1)具有市场营销类相关专业本科及以上学历。

(2)8年以上某某行业销售背景,5年以上营销和项目管理经验,有××和××行业工作经验者优先。

(3)较强的团队搭建能力,优秀的团队管理能力。

(4)具有敏锐的市场意识、应变能力、领导能力,以及独立开拓市场的能力,学习能力强;逻辑性强和良好的语言表达能力。

(5)具有强烈的进取心,精力充沛,身体健康,乐观豁达,敢于挑战高薪。

上面这 5 条任职资格，每一条都非常重要，有的是用人公司**硬性**的要求，就是必须要充分满足的。比如，我们经常提及的学历、专业、经验等，这些都是硬性要求。硬性要求任何一条不满足，那你就没戏了。除此之外，还有一些**软性**的要求。比如，逻辑思维、抗压能力等。这些虽然不是最重要的考量标准，但其是加分项。

还有显性和隐性的要求。显性要求是字面上我们可以直接获悉的要求，一目了然。隐性要求就不会出现在字面上，需要自己揣摩或者跟 HR 沟通。有些公司很在意女性候选人是否已婚已育，有的会关注星座、属相和血型，还有地域问题（因为《劳动法》的原因，任职资格的字面上不能体现带有性别歧视、地域歧视和婚育情况的要求）。

了解岗位，其实就是了解自己能否胜任，能否解决公司的问题。

当你做足了功课，了解了要应聘的公司，要应聘的岗位，面试时你就会信心满满，游刃有余。

你应该知道的面试着装和礼仪

在面试之前，我们还有一项准备工作需要做到位，那就是面试的着装和礼仪。

我们先来说一下穿衣打扮。

对于参加面试的人而言，我们给面试官的第一印象至关重要，这就是著名的"初始效应"。映入面试官眼帘的，除了你的身高、身材和长相，最重要的就是你的穿衣打扮。

我亲自见过有人穿着拖鞋、短裤、超短裙，甚至一些奇装异服就直接来参加面试。职场总归还是一个比较严肃的场合，所以，穿衣打扮不能率性而为。尤其是着奇装异服，一定是不可取的。除非面试的这个岗位需要你展现青春、时尚、性感的一面，比如，模特、演员、歌手等，否则千万不要追求所谓的"标新立异"。

1. 穿衣打扮的礼仪

（1）要与你想应聘的这个岗位相符。比如，你应聘的是管理岗位，尤其是金融公司，那么穿着就要大方得体，可以穿西服、中山装这样比较稳重的服装。穿西服最好打领带，不打的话，衬衣的领扣一定要解开，否则，会显得很呆板。选择穿西服，就一定要穿衬衣，有些求职者喜欢西服里面直接穿个毛衣或者T恤，这就显得不是那么严肃和庄重了。如果你应聘的不是管理岗位，公司也是一些互联网公司，那穿西服如何搭配就可以随意一些。

此外，你的穿着一定要和你的身份、收入相符合。比如，你来应聘一个普通的基层岗位，却穿了一身高档名牌去面试，那么是不会给面试官留下好印象的。

（2）**服饰搭配不能太任性**。受影视剧和一些娱乐明星的影响，许多人喜欢穿衣"混搭"，总觉得这样才可以体现或者张扬自己的个性。但是面对职场，这种所谓的我行我素是不可取的。只要我们去面试，就得讲规矩，就得体现职业化，男士穿V领T恤、衬衣、西服，女士穿衬衣、合身的西装套裙。

另外，关于服饰色彩、面料、板型和风格的选择，也同样非常重要。

色彩尽量是纯色，白色、黑色和灰色，不要将多色系混在一起。

面料上也尽量选择有弹性，透气性好的。

板型简洁大方就好，一定要合身，要舒服。

风格要与自己的脸型、身高、体型匹配，能体现得干练、精神就好。

在搭配服饰的时候，同时还要考虑与鞋子的搭配。穿衬衣、牛仔裤的时候，选择一双运动鞋就好；穿西服的时候，肯定要穿皮鞋，颜色最好是黑色系，这是大众都能接受的。

对于女士来说，最好不要穿得太过幼稚或性感，严肃自然一些最好。

（3）不要喷洒香水，尽量不要佩戴扎眼的首饰。有些男性应聘者，戴着大金链子或小金表就去面试，这也是很不好的。面试官会觉得你有显摆的意思，同时也显得不稳重。对于女性候选人，我建议不要佩戴夸张的耳环和项链，最好不要喷洒气味浓重的香水，这样可能会给面试官一种浮躁的感觉。在一个相对狭小的面试间，香水很可能混着汗味一起发散。

进去面试之前，最好照照镜子，看看头发和肩上是否有头皮屑，脸上是否有油光，衣服的扣子是否扣好，等等。这是对自己负责任和对面试官的尊重。

只有注意了这些细节，你自己准备充分了，你才能从容面对你的面试官，面试的时候才会更有自信。

2. 面试的礼仪

尽管中国是一个礼仪之邦，但在现代化的今天，在很多场合，很多时候，还是有许多人不知道基本的礼仪。

（1）不能迟到，但也不能太早到达。面试不能迟到，这一点想必大家都明白，所以此处不多说。但是有些人选择过早到达，这又可不可取呢？

答案是当然不可取。假设你们约定的面试时间是上午10点整，而你9点就到达了应聘公司，那么由于你的提前到达，就很容易打乱面试官的时间安排。对方是接待你还是不接待你呢？**所以，提前10分钟到达就好。**

（2）不能到处走动，不能东张西望。 到达应聘公司后，前台小姐或者其他人员会把你安排在一个等候区，可能是一个面试间，也可能就是前台的沙发。那这个时候，你最好规规矩矩地坐在那里等候，千万不要到处走动，不要窥视。如果你到处游走，东张西望，会给公司留下很不好的印象，这很不职业，也很没有礼貌。

（3）别乱吃东西，注意口腔清洁。 人人都爱美食，这本身没有错，但是一定要分场合。你去面试，千万不要吃味道很重的东西，如韭菜、大蒜等。如果对自己的口气不自信，那提前吃一片口香糖也是很好的。另外，一定要提前清理口腔，看看牙缝里有没有脏东西。如果不注意这些，当你与面试官面对面坐着的时候，那画面是无法想象的。

（4）手机静音，好好坐着。 有些人在面试的时候，手机一个劲儿地响着（或者振动着），此时你接还是不接？挂还是不挂？接听吧，怕面试官有意见，不接吧，又担心耽误事。所以，与其纠结接不接，挂不挂，还不如面试之前就直接把手机关机，或者静音。如此一来，你就能全身心地投入面试当中了。

还有就是坐姿。面对面试官的时候，要挺胸抬头，微笑面对。

不要靠在椅子背上，不要一副苦大仇深的样子，也不要来回地在椅子上变换位置。这很容易给面试官一种你很焦躁，很不安的感觉，这对面试官也显得不尊重。

（5）面试结束后要感谢面试官。面试结束后，不要马上起身头也不回地走掉。应该起身感谢公司和面试官给予的机会，感谢面试官宝贵的时间。尽管这就是一个过场，但也应该表达出来。这起码体现了你的职业素养，也是加分项。

综上所述，我们要注意服饰的搭配，要注意自己的举止，要懂得这些必要的面试礼仪。这样，我们就可以从容自信地迎接任何一场面试了。

第五章　面试进行时

※　如何做立体化的自我介绍

※　面试官必问的 10 个问题

如何做立体化的自我介绍

有了第四章的准备和铺垫，接下来我们就正式进入面试环节了。而面试环节第一个亮相的，就是自我介绍。

为什么几乎所有的面试，面试官都会要求候选人做自我介绍呢？这是基于如下几点的考量：

第一，面试官想了解你的过往经历，同时核对与简历的描述是否一致。

第二，面试官想观察你是否怯场，内心是否强大。

第三，面试官想考察你的语言表达能力和逻辑思维能力。

第四，面试官想了解你的职业定位及求职动机。

第五，面试官想考察你的时间掌控能力。

我们不能小看这个自我介绍的环节，它既是打动对方的敲门砖，也是推销自己的极好机会，因此一定要好好把握。自我介绍做得好，对方才会有兴趣和你进行下面的谈话，以便对你进一步了解。介绍的内容不宜太多停留在诸如姓名、工作经历、时间等方面，你应该更多地谈一些跟你所应聘职位或所谈事情有关的经历和所取得的成绩，以证明你的能力。

你的相关能力和素质会最大限度地吸引到对方的注意力，因此，在许多情况下，在听取你的介绍时，对方也会抓住他感兴趣的点和你进一步探讨，并在心中形成对你的第一印象。所以，在进行表述时，要力求以真实为基础，并顾及表达的逻辑性和条理性，避免冗长而没有重点的叙述。这样专业而出色的表现，肯定会让你的面试开一个好头。

接下来我们一对一地拆解面试官的这5个诉求。

第一，简要提炼你的过往经历，表述内容与你投递的简历一致。

对于过去的经历，简单提几句就好，因为在后面正式展开面试的时候，你会有足够的时间来说。表述的时候，千万不要无限展开，要聚焦，要与简历上的内容一致。如果你所说的，跟简历上的关键点不一致，那这个开场白就太糟糕了。

第二，要从容大方，自信乐观地迎接这场面试。

从心态上讲，这只是一次面试，无论结果如何，你都应该看淡得失。有些人刚进到面试间，就开始紧张，等面试官发话的时候，就开始慌乱。有时候太想好好表现，太想获得这个机会，反而把自己搞得很狼狈。

第三，提前做好演练，厘清前后逻辑关系。

自我介绍也就几分钟的表达而已，所以完全可以在面试之前做一番演练。演练的时候，最好写一篇稿子，开始照着读，慢慢就背下来了。在做自我介绍的时候，尤其是介绍过往工作节点的时候，一些时间顺序，逻辑关系都要厘清，不要出现错乱无章的情况。

第四，明晰自己的职业定位，明确求职意向。

在做自我介绍的时候，让面试官清楚你过去是做什么的，现在或将来你要做什么，这就是职业定位，这很重要。与此同时，更要明确今天来面试的意向岗位是什么，不要出现"营销、运营、品牌我都感兴趣，我都可以做"的情况。这样的表述，一方面定位就乱了，另一方面，面试官也会觉得你这个求职意向太杂且有问题。

第五，言简意赅地表述，要把控好时长。

自我介绍的时间不长，要在这个较短的时间里，尽量表述对自己有利的信息。这也容易使得一些候选人滔滔不绝刹不住车，最终不得不由面试官强行打断。这样的感受很不好，所以，自我介绍的时间一定要控制在3分钟内，最多不超过5分钟。如果你对时间没有概念，不妨把手机的倒计时打开，自己偷偷瞄一眼来把控节点。

了解了上述这些内容后，我们再来看看自我介绍里应该包含哪些具体有价值的内容。

第一，让对方知道你是谁。

你的名字、你的籍贯、你的年龄、你的毕业院校，以及专业学历都要告诉面试官，比如你可以这样说：

面试官您好，我是今天的应聘者刘翔，跟奥运健儿刘翔一个名字，我是四川人，今年26岁，我毕业于北京航空航天大学，应用物理学专业，本科。

大家想想，这样的开场，尤其是提到"刘翔"的时候，是不是更容易引起面试官的注意，从而加深对自己的印象呢？

第二，让对方了解你做过什么。

无论是实习，还是正式的工作，都可以挑重点（或者你认为更有意义和价值的部分）拿出来讲。比如可以这样说：

我之前有过三段实习（或者工作）的经历，对我来说，后面的两份工作有着重要的意义。2015年我在××公司从事产品运营专员的工作，工作两年后，到了上一家公司，也就是××公司，在这家公司担任运营经理的职位，主要负责客户的运营工作。

第三，让对方知道你做成过什么。

这一点其实就是你过往的成绩或者成就，一定要让面试官知道。我们可以这样说：

我在××公司的这两年里，一开始做产品部门的创意策划工作，还有竞品分析，用户需求调研，后来配合业务部门做产品的促销和营销策划工作。通过运营工作，使得业务部门的业绩得到了每个月20%的提升。

第四，让对方了解你是怎么做的。

做过什么固然重要，但如何做的更重要。所以，这些内容你也要大致地表述出来。如果面试官对这部分内容感兴趣，那么他一定会在随后的时间里详细与你了解。你可以这样说：

在这个过程中，我起到的主要作用就是通过一些由我参与策划的活动，来增加用户的积极性和参与度，从而提升用户的黏度和忠诚度，最终的结果就是刺激用户加大消费力度。我举个例子，我策划过一个××活动，从前期的调研一直到后期落地实施。结果很多用户参与进来，效果非常好……

第五，让对方知道你接下来想做什么。

这一点可以作为自我介绍的收尾，我们可以这样说：

如果有幸加入贵公司，我想继续在运营岗上深耕下去，我希望在带领团队完成公司目标的同时，也完成我自己人生这个阶段的小目标。谢谢！

综上所述，我们了解了自我介绍的重要性以及应该如何去做这个立体化的自我介绍，希望大家学以致用，面试顺利！

面试官必问的 10 个问题

1. 你离职的原因是什么

提及离职原因，我想每一个面试官都听到过很多版本。这里面有些原因不仅不能让面试官信服，甚至还会由此提前终结这场面试。那么我们究竟该如何陈述自己的离职原因呢？

第一，尽量如实陈述缘由。 导致我们离职的原因有很多，但真相往往只有一个。所以在陈述缘由的时候，我强烈建议如实告知。因为专业的面试官很容易从你虚假的回答中找到破绽。

过去 10 年，我面试过很多人，也听过各种各样的离职原因。我总结了几个常见的"套路"型案例，拿出来跟大家做个分析。

A：公司搬家了，所以我离职了。

B：我直属领导离职了，所以我也离职了。

C：我某个亲人生病了，我回家照看，所以离职了。

D：感觉遇到瓶颈了，所以离职寻找新机会。

…… ……

我们假设，公司搬家是事实，但只要你不是买的房子，那公司远近的影响对你又有多大呢？只要交通方便，公司搬家并不是什么大不了的事。

你的直属领导离职了，如果你跟他一起去了新公司，那说得过去，但他离职你也跟着离职，理由并不充分。

亲人生病需要照看，那你可以请假啊，为什么只是半个月、一个月的时间，就非要离职呢？你的岗位真的那么重要，真的非你莫属吗？

你才工作两三年，就到瓶颈了？这一点没办法让人信服。

这些总是认为别人有问题的回答，就算是事实，也不会让面试官觉得完全可信，他会想：难道你就没有一点问题吗？

所以，对于我而言，我更愿意听到类似的回答：我赚不到钱，所以离职了；我就是想换个新环境，所以离职了；我在这家公司5年了，自己的状态不好，激情不再，所以离职了；等等。这些回答，直接干脆，反而让我觉得真实和舒服。

关于离职，还有一些人其实是在公司里待不下去了，可能业绩不好，能力不够，要被公司淘汰（最明显的就是试用期没过就离职的人），这个时候，说离职原因的时候总是绕弯弯，不直接说出实情。当然，这种窘境我完全可以理解，因为要是说出实情，说是被公司淘汰了，那估计面试官也就对你不感兴趣了。

但是，如果不说出实情，也是有问题的，因为如果你隐瞒了真相，等新公司准备录用你，对你做背景调查的时候，你还是会露馅的。

所以，在陈述离职原因的时候，还是要尽量如实相告，哪怕避重就轻，哪怕有些牵强，但也好过胡编。

面试官之所以关心你的离职原因，就是要判断你的离职原因是否合理，你对前雇主的评价如何，以及来面试的真实动机。所以，尽可能地实话实说才是上策，你可以稍微弱化或者规避一些对你不利的点，但大体上一定是真实可信的。

第二，尽量客观地表达你的观点。关于离职，无论是自身的原因，还是公司的原因，我们在表达缘由的时候，都要尽量客观，不能带有主观情绪。毕竟，导致离职，往往一个巴掌拍不响，所以如果过于主观地表达你的一些看法，会让面试官觉得你过于偏执。在表达的时候，你要尽可能保持中立，尽可能地淡定，比如，可以这样说：

我所在的团队最近出了一些问题，有些乱，我不太能适应和应对，所以我想看看新的机会。可能我的内心还不够强大，没有太多勇气直面这些问题吧。

听到这样的回答，面试官一般不会苛责你，一方面会觉得你的确不够勇敢，但另一方面会觉得你还是很能审时度势的。

第三，**不能诋毁之前的公司和领导**。很多时候，很多事情，我们应该多从自己身上找原因。有些求职者喜欢说导致自己离开公司的原因就是之前的公司这不好、那也不好的。我不否认会有这种情况，但是不要如此直白地说出来。

你可以这样说："我觉得在之前的公司工作多年，有些疲惫和消沉了，所以想换个新环境，重新找回更好的工作激情。"说这些话会让面试官觉得你来这里是寻找重燃斗志新机会的，应该很上进，故而对你会另眼相看。

你还可以这样说："之前的公司也很好，我也有些舍不得离开，但是我觉得自己最近状态不太好，我希望换个环境来重新梳理自己的情绪，因为再带着这样的情绪去工作，我觉得是对公司的一种不负责任。"

面试官听你这样说，他会觉得你是一个对工作对公司都很有责任感的一个人，觉得自己的状态不好，怕影响工作而离开，这是一种仁义之举。

其实就算有些话你不说，面试官也知道，但是你说出来跟他自己去想出来的效果是不一样的。就算是为了钱，也不能很直白地说出来，要附加在其他前提下提出。否则，面试官会认为如果有一天你遇到一份比现在更高薪资的工作，你也会毫不犹豫地离开，而公司辛辛苦苦培养的人才就这样流失了，你是不是有些无情无义呢？所以，你不要去说之前公司的任何不好，凡事先找自己的原因，就算是公司有问题，也不要直白地说，你要让面试官感觉到，你的离开可能有一些无奈，你可能欲言又止了，他如果追问，你可以用一副不是很情愿的口吻轻描淡写地简单说两句。但最后收尾的时候，还是要表达这样一个信息：可能我也有问题。如果你总是强调是公司的问题，那面试官会推想，假设有天你离开他们公司了，然后去新的公司面试，你是不是也会说他们的不好呢？

陈述离职的原因，想得越简单越好，那些看似精巧的设计和掩饰，往往会让你更被动。与其这样，不如坦诚客观地告知更轻松。

2. 你在上一份工作中的收获和不足是什么

当面试官问到这个问题的时候，我们不要泛泛地，像记流水账一样地回答。因为面试官想知道的，不是你照本宣科的东西，而是工作背后的内容。那怎么来回答这个问题呢？

（1）有侧重点且深入参与的内容。有些人在讲自己过去工作经历的时候，总会滔滔不绝，说做过这个工程，参与过那个项目，但是面试官一追问,发现这些过往经历,要么是把过去的工作内容仅仅做了一个叙述,要么就是没有什么亮点。最可怕的,就是没有重点,没有你实际真正参与的内容,哪怕是你协同参与的内容。我们可以这样说:

我参与过四个项目,其中两个是我主导的,另外两个是我辅助参与的。我主导的项目,其中一个是……

把你主导项目的前因后果、来龙去脉讲出来,这个过程要凸显你的重要性,要体现你的价值。我们也可以这样说:

我过去5年一共带过三个营销团队,其中两个是我手把手搭建起来的。我自己招募员工,自己编写培训课件,自己制定营销策略……

(2)可量化且有数据的成绩。我经常听到有人说自己是连续几个月,甚至多年的销售冠军;有人说自己运营的用户群呈较高趋势增长;有人说自己管理的理财产品盈利情况领先同类产品……

大家想一想,这样表达有没有问题?尽管面试官听到的结果是好的,但不够具象,不够立体。如果我们这样说:

我连续几个月都是公司的销售冠军,每个月都可以突破100万元的收款;我运营的用户群每个月都呈20%以上的增长趋势;我管理的理财产品同比增长5%,环比增长2%……

大家再对比一下，哪个回答更容易打动面试官呢？毫无疑问，肯定是后者。

敲黑板划重点：要清楚且直观地呈现自己的成绩，最好的办法就是用可量化的数据说话。

（3）切实得到历练的收获。每一段经历，我们都会有所收获。但是有些人走马观花似的去了又走，或者得过且过浑浑噩噩，可能也就没有什么收获。这样的经历，无疑是失败的，完全不值得拿出来说道。但更多的是在实践中获取的经验和教训，这部分无疑是出彩且加分的。面试官无论是否主动问到这个点，我们都可以主动地说一说，这样也可以更加直观地让面试官了解自己。对于过往的工作而言，最重要的不是挣了多少钱，不是任了多高的职位，最重要的是工作带给自己的收获。这种收获其实就是成长，就是财富。我们可以这样说：

过去几年的工作，我最大的收获就是一直扎根在一线，一直和我的团队在一起，没有让自己的业务技能荒废，反而得到了很大的提高。对于我个人而言，面对的困难和挫折很多，但也正因为如此，我才变得更加勇敢和坚强……

（4）还有提升空间的不足。对于过往工作经历的不足这个话题，面试官问及的概率也非常高。所以，要提前想一想。我相信不

足的地方也肯定有不少，但是，跟收获一样，不痛不痒的就没有必要说了。既然要说，就说有价值或有意义的。那什么是有价值或有意义的呢？那就是还有提升空间的不足。

既然还有提升空间，那就说明还有改进和优化的可能，一旦被改进和优化，那岂不是就变成了正向的收获了？所以，我们可以说：

我之前在时间管理和情绪管理上面做得不是很好，但最近几个月，我一直在请教，在学习，近期感觉有了明显的变化，因为我开始在意，开始重视这件事情了。

我们还可以这样说：

我以前多线程做事的效率不高，不太容易做到一心多用，但最近我开始刻意锻炼自己这方面的能力，结果发现效果还不错，这个我自己都没有想到。

记住重点：面试官关心我们真正参与的内容，有可量化和有数据的成绩，有比财富还宝贵的收获，有提升空间的不足。这样就清晰具体地还原了你之前工作的情形。

3. 你的哪些能力与应聘岗位匹配

我们去应聘一个岗位，一定要做到心中有数。我们必须清楚地知道，自己与要应聘的这个岗位匹配度有多少，或者还有哪些差距。

面试官开口问你的时候，你就应该自信满满地讲出来，你为何可以胜任。所以，在参加面试之前，我们应该做到如下几点。

(1) 详细了解应聘岗位所需要的软硬技能。每一个岗位，都有着明显且严格的要求，这一部分我们称之为硬技能，比如专业、学历、获得的证书，过往的岗位及对应职责等，这是我们必须具备的，否则就别谈什么面试了。还有一部分，比如沟通能力、组织能力、情绪管理、时间管理等，这属于软技能。硬技能是前提，是基础，软技能是润色，是添彩，是加分项。面试官也喜欢习惯性地问：来应聘这个岗位，你都做了哪些准备工作呢？如果你提前做了了解，自然就不会被问住了。

所以，在面试之前，就要做好这两个部分的准备功课。

(2) 评估自己目前所具备的实际能力。上面说的是要你了解软硬技能，了解归了解，但并不意味着你就全部可以匹配。所以，现在就需要来评估一下自己到底有几斤几两。

专业知识的储备能否学以致用？有些人学习能力不错，但将其转化成工作所用又很困难。如果不能很好地做到学以致用，那学习和掌握再多的专业知识也是没有太多价值的。所以，认真回想一下，过去的工作中，运用到专业知识的概率有多大，或者说在运用中是否充分。因为现在很多人是刚毕业，就把知识还给了老师。

　　过往的工作中实际取得的成绩有哪些？认真做一个复盘，看看自己在过去的工作中取得了哪些成绩，收获了什么成就。把这些内容详细地记录下来，然后印在脑海里。

　　掌握的职场技能是否坚实可靠？工作之后，我们或多或少，主动或被动地都会掌握一些职场技能，比如上面提到过的沟通能力、组织能力、随机应变能力和管理能力等。这些技能你是否可以灵活运用？在工作中是否达到了你预期的效果？

　　工作态度是否积极且正能量？你对待工作，是积极主动，乐观热情，还是消极被动，悲观麻木？如果是前者，那就继续保持，如果是后者，首先反思自身有没有问题，然后赶紧考虑如何改进。关于改进，可以找值得信赖的领导、前辈，可以找关系不错且愿意直言的同事，让他们客观地帮你把把脉，也可以找类似刘佳老师这样的专业人士帮你做个指导。工作态度的改变，关键在于你对工作本身，对公司本身的看法和态度，如果你能看到希望，可以体现价值，那态度自然不会差。

　　还有哪些不足之处？在实际的工作中，我们也会不断暴露出一些不足的地方，这些都是我们的短板。尽管有些不足并不会影响到工作，但我们依然不能忽视。因为有些不足看似不起眼，不重要，但对于新公司，新的工作岗位，那就很可能会带来较大的影响。比如你在之前的公司，不太擅长制作并使用 Excel 表，或者不习惯使用公司的 CRM 系统（客户关系管理系统），但是新公司恰恰需要你大量使用 Excel 表或者熟练使用 CRM 系统，那这个时候你是不是就遇到麻烦了？所以，应该清晰地知道自己的不足之处，并通过请教、学习和研究，快速去弥补，去改进。

（3）要有理有据地表达自己可以胜任的每一个点。有些人其实是有能力的，但是在面对面试官的时候，不能很好地表达出面试官感兴趣的每一个关键点，这就很容易导致面试失利。我们应该就面试官提的问题，以及应聘岗位所需要的点一一作答。

比如，学习成绩怎么样？专业能力怎么样？过去的业绩怎么样？人际关系怎么样？团队管理怎么样？等等。在回答这些问题的时候，不要空泛地表述，要有逻辑，有论据。这部分内容可以参考上一节的内容。

综上所述，我们要了解自己所具备的能力，要清楚应聘岗位的各项要求。只有把两者很好地结合起来，才能让面试变得简单而高效。

4. 你的优缺点有哪些

身在职场的每一个人，对于面试都不会陌生。对于我们个人而言，没有人比我们更了解自己。我们有什么优点？有什么缺点？我想，我们心里一定是非常清楚的。尽管如此，不少人在被 HR 问及自己优缺点的时候，依然会不知所措，或者自认为还不错的回答，却让自己陷入了被动。那么如何回答才能让自己从容笃定，才能让面试加分呢？

（1）如何回答优点？优点，必须是值得拿出来说道的优点，而且，一定要和面试岗位相关。

有些人会说自己会吟诗作对，会琴棋书画，这些虽然也是优点，但是对于大多数场景下的面试而言，不具体，不聚焦，不职业，不值得拿出来说道，也可能没有贴近目标岗位。还有人会说自己会创意策划，会战略管理，这样的回答如果后续无法展开具象阐述，没有落地的分析论证，那就不要讲。因为这样的内容，范畴太大，内容太多，如果你的表述很肤浅，会严重减分。这个时候，关于优点的回答应该更有针对性，应该更加职业化。比如，我爱看书，爱学习，平均一个月至少看两本书，至少参加两次培训学习；我善于向内思考，善于反思和总结；我做事效率比较高，时间管理做得不错；我执行力不错，落实做得好……

**（2）如何回答缺点？首先，缺点一定不能对即将应聘的岗位造成负面影响。你去应聘财务，然后你说你的缺点就是粗心大意。这样的回答是不是把自己秒杀了？你去应聘销售，然后你说你的缺点是社交不行。这样的回答是不是把自己干掉了？你去应聘管理岗，然后你说你的缺点是容易被别人的言行所左右。这样的回答是不是让人太无语了？我们再举个例子，你说自己不合群，脾气不好，容易情绪化，这样的缺点，可能是你短时间，甚至一辈子都难以改进的。这样的回答，也直接把自己终结了。

其次，回答缺点的同时要巧妙地表达优点。比如，你说你不太喜欢应酬交际，宁愿利用这些时间看看书，爬爬山（言下之意是说自己爱学习、爱运动）；比如你说你不太容易拒绝别人，总是尽可能挤时间和精力协助别人（言下之意是说自己乐于助人）；又如，你说你不是一个安分的人，你总是不满足现状，总是喜欢创新（言下之意是说自己勇于进取）；再如，你说你人际敏感度不太好，不太关心本职工作之外的其他事情（言下之意是说自己心无旁骛）……这些回答，前半部分是不足，是缺点，但后半部分是在间接地表达自己的优点。这样的回答，一定要一语中的，不要说些不痛不痒，没有价值的套话。

第三，回答完缺点后要表明已经意识到不足之处并正在改进。有些看似缺点的缺点，实际上是优点；有些看似优点的优点，实际上就是缺点。对于缺点，虽然你讲出来了，但是没有改进意识，那也是不好的。所以，你需要补充一下你正在改进，以及改进的思路和方法。当然，如果是你认为没有必要改进的看似缺点的缺点，那就没有必要刻意去表达什么改进思路了。无论是回答优点还是回答缺点，我们都应该沉下来，静下来，不要浮于表面，更不要天马行空。我们要聚焦，要思考，要落地，要结果。

总之，优点肯定是加分项，但缺点一定不能是减分项。

5. 你的兴趣爱好有哪些

如果是在日常生活中，当别人问及你的兴趣爱好时，你完全可以畅所欲言，甚至毫不掩饰。但是，如果是面试官提出这个问题，那么在回答之前就要好好思考一番了。因为，你的这个回答，一定程度上，会影响面试官对你的判断。

那么，面试官为什么要问候选人的兴趣爱好呢？

主要原因就是想通过这些看似跟工作，跟你要应聘的岗位没有直接交集的问题，来旁证你是一个什么样的人。

当面试官问我们兴趣爱好的时候，我们应该如何回答呢？

（1）可登大雅之堂的兴趣爱好。现实中，我们可能喜欢逛街购物，可能喜欢蹦迪泡吧，可能喜欢熬夜追剧，等等。这些，要放在平时，随便我们怎么说都没有关系，但是，面对面试官是千万不能说的。因为这些兴趣爱好，在面试官看来，都是难登大雅之堂的。同时，也可以从侧面反映出我们的品位，甚至品行都不高。如此一来，我们的面试就大大减分了。

我们可以这样说：我喜欢看书听歌，喜欢徒步旅行，我喜欢养些花花草草，等等。这些兴趣爱好，尽管很普通，但显得很阳光很积极。这样的回答一定是加分的。

（2）<u>可展心胸格局的兴趣爱好</u>。比如，经常参加一些公益活动，说明你是一个积极分子，有钱出钱，有力出力；再如领养小动物，加入聋哑儿童关爱组织；等等。这些热心的行为，演变成了你的兴趣和爱好，实属不易，这些都会给面试官留下深刻且较好的印象。当然，如果我们没有这些兴趣爱好，也一定不能胡编乱说。

（3）<u>不危险也不偏门的兴趣爱好</u>。就算我们喜欢蹦极，喜欢攀岩，喜欢那些充满挑战和刺激的运动，也尽量不要说。因为面试官很可能会认为我们对于风险的评估不够，如果哪天出了意外，公司是不是要承担连带责任？另外，面试官也可能会觉得，我们在职场里，一定是比较容易冒进的人，会很容易触碰到红线。

还有一些偏门的兴趣爱好，比如，饲养大蟒蛇，饲养大蜥蜴，又如一些所谓的行为艺术，等等。这些一旦讲出来，估计会吓面试官一跳。你的兴趣爱好可能和面试官的兴趣爱好相去甚远，完全没有交集，那面试官就很容易根据自己的好恶而把你直接淘汰掉。

（4）<u>与工作岗位相关的兴趣爱好</u>。这一点可能会有刻意讨巧的嫌疑，但是没关系，只要我们的表述恰如其分就好。如果我们要应聘程序员，那我们可以说：就是喜欢研究代码，喜欢各种编程；如果我们要应聘电话销售，那我们可以说：就是喜欢与人沟通，就是想多挣钱；如果我们要应聘文案，那我们可以说：就是喜欢阅读，喜欢写作，喜欢字里行间的各种味道，等等。这样的回答，直接就和要应聘的岗位有了关联，这样相得益彰，面试官一定会满意的。

综上所述，我们首先要了解哪些兴趣爱好是可以说的，哪些是不可以说的；其次要了解如何去说。只有这样，才能让这场面试变得对你更加有利，才能赢取更多的机会。

6. 你的领导和同事如何评价你，以及你如何评价对方

在回答面试官的这个问题之前，我们要先搞清楚面试官的心理。

首先，面试官可以通过这个问题，来判断你在过去的工作中究竟是一个什么样的状态。

你的领导也好，平级或者下属也罢，或多或少都会对你进行过一些评价。在这个由多人组成的"评议团"里，每个人对你的评价都至关重要。对于面试官而言，这些评价会有重要的参考价值，比如，人际关系、工作能力和工作态度等。

其次，判断你的评价是否客观，判断你是否靠谱。

无论是别人评价你，还是你评价别人，在这些评语中，面试官

很容易找出你的漏洞来。因为，为了让评价对自己更有利，候选人很可能会言过其实，表里不一。

了解了这些，我们再来回答这个问题就容易多了。

（1）不要回答说没有什么评价。 有些人，听到面试官问这个问题，几乎是不假思索地就来一句：他们对我没有什么评价。千万记住，一定不能这样回答面试官。就算真的没有评价过你，你也不能这样说。因为，在面试官看来，你的领导、同事对你连个评价都没有，那你得多差劲啊？但凡同事一场，肯定或多或少都会对你有评价。所以，想一想，一定可以想到他们曾经对你的一些评价。

（2）双方相互的评价一定要就事论事，且职业化，不带个人感情色彩。

可以从领导对你的工作业绩、态度和人际关系几方面的评价考虑。我们可以这样说：

领导一直都说我是一个自我约束力还不错的人，不太容易受身边的人和环境的影响。还说我工作态度很好，每天都充满激情。

我们还可以这样说：

领导觉得我是一个挺踏实的人，他喜欢交代一些重要的事情让我去办。但是他也经常说我个性太倔，爱钻牛角尖。

至于其他同事，无论是平级还是下属，我们都要尽量放低身段，

不能夸夸其谈。千万不要说：同事们都很佩服我，大家都觉得我挺有能力的。就算你说的是事实，也不能这样毫无掩饰地说出来，这样给面试官的感觉会很不好。我们可以这样说：

同事们都觉得我挺热心的，也觉得我做事挺专业的，等等。

回答了别人怎么评价自己，那接下来就是自己如何评价别人了。

我们之所以要离开上一家公司来这里面试，很有可能就是跟领导或者某些同事不合，所以，现在要回答这个问题，我们很容易情绪上身，很容易做出偏执的评价。如果那么做了，对这场面试就造成了不好的后果。所以，我们要职业化，要尽量客观，要尽量向内思考，换句话说就是多找自身的原因和问题所在。

我们不能这样说：我的领导没什么能力，也不知道为什么就坐在了这个位置上。我们也不能这样说：我的领导就是个伪君子，整天算计员工，等等。这些回答，就算是事实，也会让面试官听了之后感到不舒服。所以，我们可以这样说：我领导对我的指导不多，我也不好过多评价，但是他还是蛮有能力的。我们也可以这样说：我领导的性格比较急躁，不是很愿意听取意见，但是他的业务水平我们都心悦诚服。这样的回答比较客观。因为有好的一面，也有相对不好的一面。比起那些一味地拍马屁，或者一味地给差评而言，面试官更容易接受。

我们在跟面试官阐述别人对自己的评价，以及自己对别人的评价的时候，一定要职业化，要客观，不要带个人色彩。

7. 你最得意和失意的经历是什么

面试官之所以会问这个问题，其主要目的就是想知道作为求职者的你，过去的人生是平淡如水，还是波澜起伏；是走马观花，还是刻骨铭心。

有些候选人在回答面试官提出的这个问题的时候，要么表示没有什么最得意和最失意的经历，要么就是说了半天也没有什么亮点。如果是这样，就非常不好了。

这里提到的"最"，是一个相对的说法。也就是说，最得意和最失意，不一定非要惊天动地，轰轰烈烈，也可能就是一件很小，但对你来说却意义非凡的事情。所以，一定不能说没有什么得意和失意的经历。因为在面试官看来，如果你连这样的经历都没有，一定是一个无趣的人。

那我们究竟该如何回答最令自己得意和失意的经历这个问题呢？

（1）**思考一下，认真想想过去的经历。**对于这个问题，一定不要不假思索就说出来。一方面那样可能不缜密；另一方面，会让面试官觉得你一点儿酝酿都没有，一点儿期待都没有。所以，一定要想一想，哪怕就想个 30 秒，想个一分钟也行。把你过往的经历，快

速地做个扫描。

（2）提取有意义或有价值的经历。我们不要去说那些没有太多意义和价值的经历。比如，我最得意的事情就是帮女朋友抓娃娃，抓了个第一名。再如，我最得意的事情就是策划整蛊一名同事，让他终身难忘。这些所谓的最得意，没有意义更没有价值，面试官不仅不欣赏，甚至会很反感。所以，我们需要提取面试官感兴趣且能打动他的内容。比如，我最得意的事情就是跑了人生第一个全程马拉松。再如，我最得意的事情就是圆了妈妈一个梦想，她一直想去西藏，想去看看布达拉宫，但是家里穷，老人家只能空想。我工作几年后，攒了一点儿钱，终于带她走了一趟，老人家非常开心。再如，我最得意的事情就是上大学每年都拿到了奖学金等。

这样的回答，很容易让面试官产生微妙的情愫，并引发他的情感共鸣。

回答最失意的经历，要带着遗憾的情绪，不能毫无表情地说：我最失意的事情就是女朋友跟我分手了；也不能说：最失意的事情就是错过了今年世界杯的直播；等等。这些你所谓的失意，其实也并不值得在面试官的面前拿出来说道。跟女朋友分手就是最失意吗？那如果工作上遇到一些困难和挫折，岂不是生无可恋了？所以，我们可以这样说：最失意的事情就是没有考上当年理想的大学；或者说：最失意的事情就是与一个多年的好友因为一些误会而形同陌路；等等。这样的回答，也同样可以让面试官若有所思。

（3）要总结这些经历带给自己的感悟或者影响。我们把最得意和最失意的事情讲出来之后，不能停留在表面，而是要进一步总结说明，这些得意和失意带给自己的人生感悟，或者说产生了什么影响。这一部分的阐述，会让面试官去感受一个更加感性的你。我们可以这样说：这件我看来最得意的事情，一直激励并温暖着我，我想，未来的日子，我会继续去追逐那些可以给我力量和勇气的目标，我会一直"得意"下去。

关于最失意的感悟可以这样总结：这件事情，对我触动蛮大，我也一直在反思自己的一些想法和做法，我以后应该规避这些问题，让自己不再重蹈覆辙。

回答关于最得意和最失意的问题，重点要体现在这个"最"字上，而不是那些不痛不痒、可说可不说的事情，一定要刻骨铭心，要意义非凡。

8. 如果公司聘用你，你将如何开展工作

有些候选人会认为，面试官如果问到了这个问题，就说明面试官看上了自己，否则也不会浪费口舌和时间，所以就觉得胜券在握，在回答这个的时候，就变得不那么谨慎了。其实，这很可能只是你

的一个误解。面试官这样问，而且假设了一个前提，目的就是想考察你是否有备而来，是否有计划有条理。如果你过于松弛，甚至窃喜，那么在回答这个问题时就很容易出现偏差和疏漏。而面试官又恰恰关注着这些，所以，不要认为面试官这样问就一定是看中你了，千万别忘记这只是一个基于假设场景的提问而已。

在回答这个问题之前，我们需要思考工作开展的几个步骤和流程，所以逻辑和条理上一定要清晰，并且简明扼要。

那我们应该如何回答这个问题呢？

（1）**熟悉团队，并融入团队。**这是任何一个刚入职的人都需要考虑且必须做到的事情，没有这一步，后面的工作都不好开展。融入团队，需要自己更加积极和主动一些，不要把自己封闭起来，要尽快熟悉你的团队战友，并融入他们。

（2）**熟悉业务，并融入业务。**我们在熟悉并融入团队的同时，其实已经开始了解并熟悉业务了。所以，只要再用一点儿心，再多一点儿努力，就可以很快熟悉业务，并开始上手了。

（3）**和领导一起制订工作计划书，并按照节点完成工作，力争提前转正。**这一点需要特别注意。比如，如何制订工作计划书，制订完毕之后，如何去推进工作？换句话说，就是你将如何具体去操作。如果这一点说不清，请不要妄想什么提前转正了。我们可以这样说：我的试用期是3个月，那么我会跟领导一起来制定我这3个月的任务指标，我希望目标尽可能量化，然后我会拆解到每一周。我会严格按照任务的节点去推进并完成工作。我会请教同事，我会多花些时间在工作上，我希望可以提前转正。

这样的回答，一方面你表了决心，另一方面也把你的大概思路讲了出来，这就会给面试官留下不错的印象。

（4）如果面试官追问细节，那就展开进一步阐述。 假设你说你想在两个月的时间里，开发20家优质客户。那么这个时候果如面试官追问你如何保证在两个月内开发20家优质的客户，你又该如何作答呢？如果你说不出要点，那就会减分。所以，你在回答每一个问题，或者说表达观点的时候，不要给自己挖坑，你需要有应对措施。

关于刚才这个问题，我们可以这样说：我首先保证每天足够的电话量，不低于100通，每周拜访至少4家客户；同时通过熟人、朋友的介绍拓展客户。另外，我求助市场部，多做一些策划，做一些促销活动，这样也有利于我的开拓，等等。大家想一想，这样的回答，是不是就具体了，而且还有画面感。只要你说的没有明显的硬伤，面试官都会给你好评。

我们要明白，面试官问这个问题，主要目的就是考察你的计划性和条理性，同时也附带看一看你考虑问题的逻辑是否严谨缜密，我们只需要把一些方法讲出来就好，千万不要只讲那些空泛的大理论。

9. 你为什么选择我们公司

我们不必急于回答"你为什么选择我们公司"这个问题，而应该先搞清楚面试官为什么要问这个问题。

（1）**面试官想知道候选人的求职诚意**。当面试官问出这个问题的时候，其实有不少人立即就中招了。我们看看下面两种回答方式。

首先是仰慕式回答：咱们公司很知名；咱们公司福利待遇很好；这是我一直很向往的地方；等等。

接着是耿直式回答：我投了很多简历，就你们公司给我打电话了，其实我也不知道为什么，接到电话就来面试了，等等。

我们想想，以上的回答能让面试官满意吗？答案显然是不能。面试官其实就是想知道你今天是有备而来，还是走马观花，如果你自己心里都没有搞清楚为什么要来，那你何必来呢？

（2）**面试官想知道候选人的价值观**。有些候选人的价值观是，只要给的钱多，我就来上班，其他的并不关心。所以，面试官也担心遇到这样的人，故而才会问这样一个问题。这类候选人，其实对参加面试的公司并没有过多的了解，只是看到了薪资待遇优厚这一点，就投递简历过来应聘了。我经常说，选择一份工作，薪资待遇固然重要，但自己可以胜任，可以结识一群志同道合的小伙伴，然后又有很大的提升空间而言，这才是最重要的。

（3）面试官想知道候选人的职业规划。候选人一旦选择了一家公司，必定会有短期、中期和长期的规划，否则你也不能很好地按照时间节点来推进自己的工作。但是的确又有一些人过一天是一天。面试官问他为何要来的时候，可能他也是茫然的，并没有想着如何规划自己的职业。没有了规划，稳定性就会出问题。

当我们了解了面试官的意图之后，再来回答这个问题其实就很简单了。

我来做个示范回答：

示范一：我了解到咱们公司今年刚刚完成了B轮融资，接下来会有一系列的动作，我觉得这是一个难得的机会，所以我希望在这个时候加盟，与公司共同成长。

示范二：因为我的专业及过往的工作经历与贵公司的这个岗位很匹配，我也很认可贵公司的发展理念，同时这个岗位也与我个人的职业规划相匹配，所以对贵公司有所期待。

示范三：我更换工作其实也比较谨慎，所以我希望我的下一家公司也是稳定靠谱的。而贵公司就是这样一家公司，十几来年来一直稳健地发展，也逐步成为行业标杆。所以我期望有机会加入。

作为候选人，我们的回答不必刻意讨好面试官，那样反而会比较做作。如果我们前期做好了调研工作，真的是有备而来，那就把自己的想法直接告知面试官。这样就很真实、真诚。

10. 你如何看待义务加班

加班是一个永远都绕不开的话题，也是一个很有趣的问题。我之所以说绕不开，是因为从步入职场的那一天起，可以说，绝大多数人肯定都有过各种各样的加班体验，所以，加班这个话题是绕不开的。之所以说这是个有趣的问题，是因为面试官心里也很清楚，在候选人面前提及加班，你究竟想听真话还是假话呢？

在参加这场面试之前，无论你对加班是深恶痛绝，还是勉强为之，抑或欣然接受，这都不重要，重要的是，你现在应聘的这家公司，到底会如何定义加班。以及赋予加班什么样的政策。所以，收起以前的成见，重新面对这个你必须面对的话题吧。

如果一上来就说：完全不能接受加班，那这场面试估计就直接终结了。

如果一上来就说：可以接受任何加班安排，那面试官也未必会信服你的回答，他甚至会认为你心口不一，假意附和。同时，如果你这样回答了，那日后公司给你安排加班任务，你是真的可以毫无怨言地接受吗？所以，在面试的时候，不要给自己挖坑。

那我们应该怎么回答呢？

（1）**先表明分内工作如果需要，可以接受加班完成。**这个回答很客观，也容易令面试官信服。因为作为员工，本职工作，分内之事原本你就应该按时完成，如果没有完成，就算公司不要求加班，自己也应该主动加班完成。

（2）**问清楚，加班的强度和频次。**如果面试官说出来的强度和频次你可以接受，那就直接说可以就好。如果面试官说出来的强度和频次超过你接受的极限，记住，一定是你的极限。那你就直接表达，说恐怕接受不了。我们不必担心说接受不了就通不过面试。我们想想，就算通过了面试，如果整天高强度加班，那你还是接受不了，还是会走人。所以，把话说到前面，没有什么不妥。

（3）**表明如果可以合理调休，那可以接受加班。**既然加班是义务的，那么调休就是唯一的补偿。所以，提出这个要求，并不过分。如果公司可以调休，那就可以接受。那如果面试官回答说既没有报酬，也不能调休，那我想，不用我说，你就应该知道何去何从了吧！

如果加班在自己可以接受的范围，我们也不必计较太多。因为加班已经成为一种风气，有时候还会觉得不加班才不正常呢。尽管面试官这样问，但有时候也未必会加班。面试官只是希望通过这个问题，来考量一下你对工作的态度，以及遇到冲突，你会如何权衡利弊而已。现实的职场，别说一般性的加班，甚至连"996"（一种上班时间，早上9点上班，晚上9点下班，一周要工作6天）都是普遍存在的，而且也被很多人接受，就算没有加班费，就算没有调休也如此。因为，当很多人都在接受这个现实的时候，你会"随大流"式地被动接受。同时，摆在眼前的，是房贷、车贷，要养父母，要养小孩子，等等。所以，就算心里一万个不爽，也只能接受。那些因为不能接受"996"，只希望朝九晚五工作的人，去到新公司之后，同样容易遭遇"996"。如果在面试的时候，你断然拒绝"996"，那很可能面试这一关就过不了，更别奢望能拿到录取通知了。

很多公司对于"996"也是很无奈。公司的经营风险是时刻存在的，就连华为这样的巨无霸企业都时刻警示自己：公司明天就可能倒闭！难道公司会不知道"996"是违法，是不人性化的行为吗？公司当然知道，但为了追求利益的最大化，又不得不"压榨"员工的劳动力。很多老板会觉得员工不加班，不能接受"996"就是不拼搏、不能吃苦、不敬业的表现。这样的结论无疑是片面的，因为我们可以反问：难道"996"就一定是敬业，是拼搏的表现吗？

我认为，"996"不应该是公司强加给员工的，而是员工自我层面的认知、理解，他们主动接受"996"。我们不是富二代、官二代，家里也没有矿，除了比别人付出更多，比别人更拼，那我们还有什么资本呢？当我们毕业的学校不是"211"，也不是"985"，能力可能也很一般的时候，我们凭什么在公司立足，凭什么出人头地并挣更多钱呢？有时候想想，"996"没有对错，接受亦可，不接受也没关系，关键在于我们自己要知道想要过什么样的生活，想要什么样的人生。如果这些没有想好，就算你被迫接受了公司的"996"制度，那也注定只是机械性地去接受指令并工作而已，没有创新，没有思想。想想我们身边那些跟我们起点差不多，但现在已经很优秀的人，他们为什么会变得优秀？为什么会取得成功？除了他们的天赋，最重要的一定是他们付出了更多，承受了更多。所以，"996"不应该是一道枷锁，应该是自我鞭策和激励的原动力。对于"996"，没有对错之分，只有选择不同。

第六章　面试结束该做些什么

※ 如何进行薪酬谈判

※ 如何回答"你还有什么要问我吗？"这个问题

※ 面试官的哪些举动暗示着你可能通过了面试

如何进行薪酬谈判

身在职场，无论是职场新兵还是职场老将，很多人在求职的时候，提及薪酬要求，都会习惯性地说：我希望不低于×××元，因为我的房租是多少钱（或者房贷是多少钱），车贷是多少钱，吃饭、交通、手机费是多少钱，请客、随礼、应酬是多少钱，总之每月的固定支出加起来就是×××元，所以不能低于这个数。

其实我想说，薪酬体现的是你这个人的价值，而不是那些生活成本。如果按照你这些逻辑，你生活成本有多少你就值多少钱吗？所以，薪酬体现的是你能为这份工作创造多少价值，而不是你个人的成本。

那么，我们在面对面试官或者老板的时候应该如何进行薪酬谈判呢？

首先我们来了解一下薪酬的构成主体。薪酬主体是基本工资、补贴、福利、浮动薪资、期权或股份。其中补贴包括了房补、交通、餐补、通信、职务补贴、交际应酬、加班补贴等方面。福利部分包含了社会保险、医疗保险、培训进修等。浮动薪资则包含了绩效奖金、年终奖、季度奖、年底分红等。

我们了解了薪酬的构成主体后，就容易与企业进行薪酬谈判了。

第一，要清楚该职位在市场上大致的薪酬水平。这样你才会心里有数，才不至于要得过高或者过低。

第二，通过上家雇主给你出的薪酬作为基准点，适当上调。跳槽的时候，薪酬涨幅在30%左右都是没问题的，当然，有些非常优秀的人，跳槽的时候，薪酬翻一倍，甚至两倍也都是常事。

第三，你要表现出对工作和职位有更高的兴趣，而薪酬本身只是一个你基本的价值体现（注意：我说的是价值体现，而不是生活成本）。这样就较为巧妙地避免了直接的碰撞。当我们不直面薪酬具体数字的时候，面试官也好，老板也罢，都清楚你的用意。当然，这需要你对自己有足够的信心。

第四，如果薪酬没有达成预期，那么问一下福利补助，问一下是否有期权或股份等，通过这些附加价值，看看能否缩小、达成甚至超越你的预期。换句话说，就是基本薪酬没有满足你的预期，那必须考虑从其他方面来填补，这样把问题抛给企业方。

第五，如果企业方给出的薪酬你可以接受，那么你也应该再补充一句，比如这样说：如果在您不为难的前提下，能再有点儿涨幅

就更好了。说这话的时候，一定不要严肃，要用一种轻松的口吻说出来，这样不至于让企业方尴尬，同时也给自己留了后路。

第六，如果薪酬没有达成预期，或者刚刚达成了你的预期，这个时候，你可以跟对方谈，能否在试用期的时候就100%发放薪资，而不是80%，或者，把试用期缩短，比如，从三个月缩短为一个月。这点一定要尽力去争取。

第七，要坚守自己的底线。因为很多时候，面试官会给出一个薪酬范围，比如1万元至2万元，而你目前的薪酬可能就是1.2万元，那么对方可能会说，你只能达到1万元的水平，这就比你预想的薪酬要低，那这个时候，你必须坚持自己的预期。你的态度要坚决，要坚定。因为很多时候，面试官可能从所谓的由低到高的原则给你设置薪资幅度，这不是对方不认可你，而是对方要按照所谓的"公司规定"来办理，所以只要你坚持，比如你坚持要1.5万元，那么对方可能就会做出妥协。就算最后没有给你1.5万元，也可能给你不低于1.2万元的薪资。

薪酬谈判需要你有勇气，有自信，当然，这种勇气不是"匹夫之勇"，这种自信也不是盲目自信，这一定是有策略、有实力的勇气和自信。在与面试官或者老板交流的过程中，你要判断，你们的沟通是否愉快顺畅？对方对你的过往经验、工作能力是否认可？如果对方表现出来的感觉是很认可（频频点头，或者言语上的直接肯定），甚至有些迫不及待地想让你加盟的话，你就可以大胆地提出自己的要求；当然，有时候面试官或者老板城府较深，喜怒不形于色，你难以判断对方是否认可，是否欣赏你，甚至故意表现出对你不屑一顾，那么这个时候，你就容易混乱，不知道该不该提出更高的预期。如果出现这样的情况，我建议你保持冷静，淡定一些说出自己的预期。你要明白一点，面试是双向选择，不要有求着对方的感觉，只要你有真才实学，就可以自信勇敢地提出合理的要求。但千万不要刚说出自己的预期，看对方没什么反应，就赶紧补一句：具体还可以再谈！此话一出，你已经败下阵来！所以，只要不是你自己都觉得面试效果很不好，只要不是肤浅的自我感觉良好，其他情况，都可以笃定地报出自己的预期薪酬要求。

如何回答"你还有什么问题要问我吗？"这个问题

其实，提问也是一门学问。

爱因斯坦说："提出问题比解决问题更重要。"

我们经常会参加许多论坛培训，每当主持人或者讲师在台上问大家："请问各位有什么问题需要问我的吗？"这时候，大多数人都是不会回应的。不回应有两种情况。

第一种，胆子小，不自信，不敢问。

第二种，压根儿不知道该问什么。

当我们面对面试官的时候，本身就应该预设面试官可能要问你的问题，同时也要预设你想要问面试官的问题。如果连这些准备都没有，那你的面试估计就悬了。

一般在整个面试即将结束的时候，面试官无论是出于礼貌，还是其他原因，会习惯性地问一句："你还有什么想问我的吗？"这个时候，有些求职者就果断放弃了。其实这个时候，你要是能问出一些有水平且有意义的问题，那是会给面试官留下深刻印象的，同时也会给你自己加分。

当然，如果你真的没有问题，也不要硬生生地说："没有问题了！"因为这样显得你情商不高。这个时候，你可以微笑着说："原本有一些问题的，但是刚才您热情而专业的应答使我的问题都得到了解答。"大家想想，这句话面试官听了会不会很开心？因为他得到了求职者的认可，他没有理由不开心。

另外一种情况，就是你的确有问题要问面试官。

这个时候，千万不要问："请问公司有没有五险一金？"因为正规公司都有，所以不必问；不要问："公司周末是双休吗？"双休与否，不是面试官能决定的，关键看你部门的工作量；也不要问"公司有餐补、话补这些福利吗？"

因为这是这场面试的最后一个问题，所以，那些没有什么价值和意义的问题就不要问了。

我们应该问："假如我入职了，请问公司有什么针对我的培训方案？"或者问："我想尽快转正，那公司可以提供什么样的支持？"再比如这样说："我未来一年的晋升路径是怎样的？"等等。

大家想想，这样的问题，会不会给面试官留下正面、积极的印象呢？因为到面试的最后阶段，面试官也会感到疲惫，所以，这个问题如果能让对方感到好似一股清流，那结果自然不会差。但反之，你若问出一个在面试官看来没水平，甚至很低级的问题来，那人家可能就会重新审视你的整体表现了。

在和面试官经过一系列的沟通后，彼此都有了一定的了解，最后，这个收尾的问题，我们一定不能轻视。不管面试官会怎么想，也无论成败如何，对于参加面试的我们而言，都是一次历练。既然是历练，那么就尽量不留遗憾，认真对待就好。

面试官的哪些举动暗示着你可能通过了面试

只要用心，其实并不难发现你通过面试的征兆。我们先看，再听，最后问！对于面试，其中的学问、门道的确不少。如果我们能够揣摩到面试官的心思，那我们的面试就可以做到事半功倍；反之，也可能会因为没有读懂面试官的潜台词而错失机会。

那我们怎样才能读懂面试官的心思呢？

1. 看

"看"什么？毋庸置疑，肯定是先看面试时间。

面试时间越长，你被对方看中的可能性越大。因为面试官每天都要马不停蹄地面试很多人，所以，他们的时间很紧张。在这种情况下，如果面试官愿意花费较长的时间跟你沟通，那就说明你打动他了，因为他是不会轻易浪费时间的。

还"看"什么？看面试官的面部表情和肢体语言。

如果面试官能够保持微笑，能够频频点头来回应你，那说明面试官是比较认可你的一些言论和观点的（当然，也不排除就是一种礼貌性的互动）。如果面试官在座位上频频更换坐姿，那说明他有些不耐烦，对你的表现不是很满意。

2. 听

"听"什么？当然是听面试官的口吻。

从面试官对你提问的口吻，以及解答你问题的语气，都可以判断出对方是否有耐心，是否认可你。假设对方问话时是一副心不在焉的样子，那就说明对方对你没有好感。如果对方解答你的提问，避重就轻，很不耐烦，而且语气也很机械化，那说明对方没有看上你，不愿意再继续聊下去了。如果对方积极专业地提问，且热情耐心地解答，那就说明对方对你是有好感的。

还"听"什么？当然是听面试官主动讲解相关内容。

如果面试官在你并没有问及的前提下，主动跟你讲公司的概况，公司的发展愿景，你应聘这个岗位的具体工作内容及应该如何开展工作，等等，说明面试官已经相中你了。因为，如果对方没有看上你，压根儿就不必费这个工夫。面试官之所以主动告知你这些，是因为他想让你入职后可以更快地上手工作，不会因为不了解相关的情况而受到阻碍。

3. 问

"问"什么？面试官问你的具体薪资要求，问你的确切入职时间，问你的工作计划，问你的发展期望，等等。如果面试官能够问到这些比较具体的问题，那说明他对你是中意的。如果不问这些问题，也不一定就是没有看上你，只是可能性会小很多而已。

只要用点儿心思，其实不难揣摩面试官的这些暗示。如果你意会到了，那就顺势而为，如此一来，一定会有一个好的结果。

第七章 职场生存法则案例

※ **案例一**：发现平级同事的工资比我高，怎么办

※ **案例二**：事出突然，越级汇报后，如何补救

※ **案例三**：如何与城府深的同事相处

※ **案例四**：如何与经常爱占小便宜的同事相处

※ **案例五**：领导不信任自己，是选择离职还是忍气吞声

※ **案例六**：离职后，删除前领导的微信有错吗

※ **案例七**：劝你离职的同事，为何自己不走人

※ **案例八**：得罪了领导，该怎么办

※ **案例九**：职场暗器，你中镖了吗

※ **案例十**：跟着领导一起跳槽对吗

职场进阶：
职业生涯规划与面试宝典

案例一：发现平级同事的工资比我高，怎么办

如果你发现虽然有的同事跟你平级，但薪资比你高，你会怎么想？怎么做呢？

现如今的职场，同工不同酬的现象已经屡见不鲜了。这也是为何越来越多的公司实行"密薪制"的原因。目的就是不希望员工之间相互打听，相互了解彼此的薪资情况。但是，纸是包不住火的，所谓的"密薪"要不了多久，还是会被洞悉。尽管我们嘴上说可以理解同工不同酬，但当我们自己真遇到的时候，或多或少，又不太能理解，我们很容易为之产生情绪，为之心生抱怨。

其实，当我们遇到这种情形的时候，你只要思考以下几点就完全可以释怀了。

1. 对比思考自己和对方的实际工作内容

我们不能只看表面，不能只看对方工资比自己高。还要思考，除了级别相同之外，其他方面是不是有差距？假设你们都是总监级别，但是你是行政总监，而对方是营销总监，乍一看你们级别相同，

都是总监，但搞营销的比你多挣钱这完全是合情合理的。

2. 对比思考自己和对方的管理和能力半径

假设你和对方都是营销总监，但是你的管理和能力半径就是带8个人的团队，但是对方却可以带15个人。那这样的情况，对方的管理津贴估计都会比你高，更何况工资呢。

3. 对比思考自己和对方的资历和阅历

有时候看似级别相同，但是，个人的资历和阅历不同，薪资也可能不同。比如，对方是名校出身，而且过去曾在知名的大公司供职过，而你是一般院校，也没有太过光鲜的过往；也或许对方比你年长，经历经验比你丰富；等等。这些因素，都会导致你们的薪资产生差异。

4. 如果对方是"空降"的高管，那薪资比现有的人高也很正常

其实不难发现，那些"空降"到公司的高管（总监级及以上），薪资往往就比公司现有的高管工资高。这是职场常见的现象。这不是公司针对你，不是对你的不公平，这是职场的惯例。

5. 向内思考，总结自己的不足

你应该反思自己还有哪些不足，这可能跟你的为人处事、待人接物的能力相关，也可能跟你和老板的关系相关，还可能跟你的工作完成度相关（KPI达成率不一样），等等。总之，这种情况，应该多向内思考，多想想自己有哪些不足，而不要总是去纠结那些所谓的公平和不公平。

要想自己更值钱，那就必须多修炼自己的内功，多提升自己的业务技能。如果你真的觉得自己就是比对方优秀，就是比对方付出得更多，但薪资就是不如对方，那这个时候，你要么隐忍接受，要么主动离开。

如果你觉得自己真的比对方能力更强，业绩更好，薪资应该跟对方持平，甚至还要比对方更高，可以直接找老板沟通。因为有时候，薪酬结构及具体的发放情况，老板并不见得清楚。但是，找老板谈是一把双刃剑，如果你没有太多的底气和把握，那还是算了，免得被老板的几个反问就打得落花流水，狼狈不堪。

案例二：事出突然，越级汇报后，如何补救

在职场里，在工作中，你有没有"越级汇报"过？按照职场规

矩和法则，你明知不能这样做，但为什么还是"越级汇报"了呢？如果事出突然，"越级汇报"后，有没有什么补救行为呢？

我们来了解一下，为什么不能"越级汇报"。

提及这一点，我们就不得不说到职场里的层级关系和汇报逻辑。

假设你的职位是经理，你的直接领导是总监，总监的直接领导是副总裁。在这样的层级关系里，每个人都各司其职，每个人都各归各位。经理有任何问题，都可以直接找总监去汇报，去沟通；总监有任何问题都可以直接跟副总裁去汇报，去沟通。但如果经理直接跟副总裁去汇报工作，那总监就很被动和尴尬。

被动在于，经理要汇报的内容可能并不是总监所知悉的，或者不是总监所认可的，那经理越过总监，跟副总裁去汇报，总监心里是没底的，如果出现突发状况，也是难以把控的。

尴尬在于，下属越过自己，要么是觉得自己无能无才，解决不了下属的问题，要么就是觉得自己没有担当，不敢承担来自下属的责任。

所以，如果你越级汇报了，这无疑就是把自己推到了风口浪尖。说小一点儿，你的直接领导会认为你没有章法，不懂规矩，从而不再信任和重用你；说大一点儿，你的直接领导很可能因为你这个举动而遭到他的领导的批评，于是他很可能找个机会就把你干掉了。

还有一点，就算副总裁当时默许了你的这个汇报行为，但事后，他可能会批评总监，但依然会继续维护他，对于你，副总裁会认为你不谙世事而给你差评。对于你和总监，副总裁当然会本能地去维护总监。

所以，在职场里或工作中，务必扮演好自己的角色，站好自己的位置，千万不要想当然地"跨越雷池"。

尽管"越级汇报"是不可取的，但是在现实中，又难免会因为一些突发状况而不得不"越级汇报"。明知不可为，却又不得不为。比如，大领导在楼道，或者电梯里与你相遇，然后他让你讲讲你们部门，甚至你直属领导近期的工作开展情况。此情此景，你难道还想避而不谈吗？显然，你必须马上汇报。如果出现这样的情况，其实也不必惊慌。

1. 要客观，不主观臆断

你要尽可能地维护自己直属领导的声誉，千万不要借此机会参对方一本，也不要试图显露自己的能力。

汇报结束的时候，要委婉地告知大领导，自己知道这样越级汇报不对，但既然领导问了，自己又不能不答，如果有什么说得不对的地方，请领导见谅。如此一来，大领导会觉得你是一个情商和智商都还不错的人，他会领会你的意图，不仅不会责怪你，反而会更看好你。

2. 在"越级汇报"后第一时间告知直属领导

这一点也同样重要,你需要跟你的直属领导报备,需要解释,最好在大领导告知你的直属领导之前。如果大领导先于你告知了直属领导,那你就被动了。你需要直属领导知道,你很清楚,常理上,你的确不应该"越级汇报",但是事出有因,不得已而为之。这样的话,你的直属领导会知道你平常一定是一个守规矩有章法的人,做事有自己的分寸,他不会介意你这次的行为。

3. 书面报告"越级汇报"的来龙去脉

我建议写一封邮件给直属领导(也避免日后无据可循),内容上,首先要再次表明自己的"越级"行为实属无奈,其次要将事件的来龙去脉做个梳理和总结,这也可以体现你书面表达的能力。这样可以让直属领导彻底放心。

案例三:如何与城府深的同事相处

提及城府,大家一定觉得这是一个贬义词。但实际上,为人处世有一定的城府并不是坏事，这也是一种自我保护的手段。我们可以想一想，是不是自己有时候也会有城府呢？但是，城府一旦过头，一旦过于深沉，那就不是什么好事了。

多数情况下，我们都不太愿意跟城府深的人相处，因为这些人总是显得不坦诚，有心机且难以琢磨。

身在职场，每天都要面对形形色色的同事，这其中不乏那些城府深的人。这些人一般都隐藏得很好，那我们如何来"透视"这些城府深的人呢？他们都有什么特征呢？

1. 喜怒不形于色

城府深的人面部总是一种表情，遇事不急不躁，不慌不忙。他表面上沉着应对，从容自如，但实际上他很可能是另有计较。这类人的情绪控制力很强，无论心里乐开了花，还是愤怒不爽，他都可以做到泰然处之。

2. 不轻易表达观点

城府深的人深知言多必失的道理，所以他不会轻易表明或表达自己对某个人或某件事的观点。这就好比一帮人当着老板的面，问他全公司谁最有智慧。拍马屁的人，或者畏惧权威的人想都不想会说是老板，胆子大点儿的同事，或者率真爽朗的同事可能会说出一个自己比较欣赏的同事的名字。但是，城府深的人，要么始终不作声，要么就会打太极，比如他会说："这个问题问得就没有含金量，这么大一家公司，谁最有智慧还用问吗？一目了然，显而易见的事，说出来就不好玩了。"他不会当着众人的面拍老板的马屁，因为他不想让大家知道他的意图和动机。他也不会说出另外任何一个人的名字来。故意顾左右而言他。

3. 谦虚低调守规矩

越是城府深的人，越不愿意暴露在大众的视野里。他会很谦虚，很低调，而且会很主动地遵守公司的规矩和规定。此举的目的就是避免自己鹤立鸡群，避免给自己带来不必要的麻烦。

4. 心思缜密难以揣摩

城府深的人，往往目标感和目的性都非常强，他们知道自己要做什么，要得到什么。所以，他们行事总是小心谨慎，不会轻易露出破绽。在与别人的沟通交流中，他总是习惯性地附和，甚至故意迎合对方。此举很容易让对方觉得与他交往很舒服，于是就降低防备。但事实上，这正是他的高明之处：让对方麻痹大意，从而陷入他的彀中。

5. 居心叵测，伺机而动

城府深的人之所以城府深，是因为他有自己的盘算和目的，他为了达成自己所想，会精于算计，甚至不择手段。一旦把握住机会，一定会果断出击，而且一定要一击即中。当你发现他的真面目时，为时已晚，无计可施。

当我们知悉了这几点之后，再去和这类人相处，就变得相对简单了。我们只要做到就事论事，无关其他就好了。

与城府深的人打交道，只谈论工作，就事论事，不要掺杂个人情感和情绪。要让对方找不到你的什么问题。同在一个屋檐下，彼此面子上过得去就行，没有必要刻意交往，更没有必要去倾听他的什么心声和想法，同样，也千万不要把自己的心思透露给对方。

案例四：如何与经常爱占小便宜的同事相处

我们想一想，有没有同事经常让你帮忙带早点，却又经常忘记付钱给你？有没有同事经常蹭你的车上下班，却又感觉理所应当？有没有同事经常鼓动你发红包，而自己却总是只抢不发？……这类爱占小便宜的人，我想大家或多或少都遇到过。

几年前我开车上下班，有一个女同事刚好顺路，于是她就经常坐我的车。她每天早上都给我带一份早点，我并没有拒绝，因为，如果我不接受这份早点，她也就不会再坐我的车了。这个女同事的情商无疑是比较高的，因为她明白，就算是顺路，我也没有义务和责任非要捎她一段。她给我带一份早点，会让我觉得她不是一个爱占便宜的人，我的感受会很舒服，而我接受了，她的心理也就会平衡许多。

但在职场里，并不是所有人都像我这个同事一样。有些人会有意无意地算计，目的就是占便宜。那面对这些爱占便宜的同事，我们应该如何应对呢？

1. 作为当事人，不要不好意思

有时候我们帮别人带了一份早点，帮别人代付了一次快递费，当对方要把相应的费用给我们的时候，我们很容易碍于所谓的面子，大方地婉拒。尤其是男士面对女士的时候，总觉得应该有些绅士风度，不应该跟女士斤斤计较。但是各位，这样的做法其实是不对的，这根本不是什么绅士风度，更不是斤斤计较，这是就事论事，一码归一码。有时候你所谓的风度，所谓的不计较，换来的不是对方的尊重，而是让对方产生一种错觉，他们会觉得如果硬把钱给你，就是看不起你，就是不礼貌，于是乎，下次、再下次就形成习惯，索性就不给了。所以，我们应该这样想：我已经帮你跑腿了，跑腿费的确不用计较，但实际购买物品产生的费用，那还是应该收下的，因为这钱又不是我赚你的，而是我帮你垫付的，合情合理。

2. 一而再、再而三之后，索性不再帮忙

如果有人让你帮忙买早点，好几次都忘记把钱给你（有可能是真忘记，也有可能是假忘记），那等对方再一次提出这种请求的时候，你要果断拒绝。你就说自己没空，自己不方便。与此同时，可以友情提醒一句：之前的早点就算我请客了。这句话一抛出来，威力是巨大的。只要对方不是傻子，他瞬间就会明白。他要么赶紧把钱给你，还会给你道歉；要么，他就不再作声，从此你们形同路人。

3. 先定好规矩，然后彼此无忧

同事要长期坐你的车，聪明的同事，他会时不时地请你吃个饭，唱个歌，总之，对方会用其他相对对等的方式来回报你的"顺风车之恩"。但是，对于那些情商较低的同事，对方可能想不到这些，所以，你就应该半开玩笑半认真地定一个规矩。比如，你可以说："你坐我的车，我全程提供VIP服务，如果满意，请点赞，请红包打赏，或者时不时地请我吃个饭也行。"如果你这样说了，对方还是没有反

应，那下次随便找个理由就不要再捎他了。

4. 既然不是一路人，那就主动避免与之有交集

物以类聚，人以群分。职场中，不可能每个人都志趣相投，不可能每个人都会成为朋友，所以，如果你遇到了特别爱占小便宜，自己却一点儿亏不吃的人，那就主动避而远之，尽量不要有除了工作之外的任何交集。这类人在工作中通常也不会有什么建树，所以，不会有什么遗憾。

案例五：领导不信任自己，是选择离职还是忍气吞声

不被了解的人最可悲，不被信任的人最寒心！如果你的领导不信任你，那么你做什么可能都是错，你所谓的价值和贡献在领导看来一文不值，在这样的情况下，我建议离职走人。

人与人之间建立的所有合作，都基于彼此的信任。如果没有信任，合作也就不存在了。无论在生活中，还是在工作上，人与人之间只要有交集，那彼此信任就是前提条件。无论是平级同事，还是

上下级关系，信任都是提升战斗力的重要源泉。

现在，你的领导不信任你，首先应该分析领导为什么不信任你。是你的问题，还是领导的问题？如果这个没有搞清楚，那你会一直处在这个死循环之中。如果你现在已经评估出，你们这种不信任的关系难以调和和扭转，我建议你还是离职走人吧。

1. 领导不信任，你做什么可能都是错

当领导不信任你的时候，你的提议，你的方案，可能都得不到认同。就算让你去执行某项工作，领导也不会充分授权，也不会抱太大的期望。做对了，是领导指导有方；做错了，就是你自己无能。领导一旦不信任你，就会以各种理由和借口制约你，如此一来，你的工作开展也困难。

2. 领导不信任，你也不会有心思工作

当领导失去了对你的信任，你就会一直在纠结担心中度过，你会备受煎熬。在这样的情况下，你哪里还有心思工作？你整天都战战兢兢，如履薄冰。时间一长，你的自信乐观就荡然无存了。

3. 领导不信任，你永远没有提升的机会

领导不信任你，其实就是一个放弃你的信号。领导一旦决定放

弃你了，那你的存在就没有太大意义了。就算你留下来，那些晋升机会跟你无关，有学习提升机会也不给你。如此这般，你留下来还有什么价值呢？

案例六：离职后，删除前领导的微信有错吗

有粉丝发信息给我，说她的前领导屏蔽了她，然后她就直接把前领导的微信拉黑删除了。她问我这个做法有没有不妥。

删除微信这个举动，看似简单随意，但是却暴露出遇事考虑不够周详的问题，同时也是低情商的表现。

其实，删除与否，都说得过去。但是，我们身在职场，一些必要的人情世故还是需要了解的。

1. 屏蔽你，是对方的权利和自由

别说在职场中的你的领导，就是生活中的一些朋友、熟人，突然把你屏蔽了，那也是人家的权利和自由。对于前领导而言，因为你已经离开了公司，领导不希望你再"窥探"他的工作圈子。毕竟

你很可能去同类型的公司，从事跟之前相似的工作。领导有自己的顾虑，担心自己朋友圈里的一些跟工作相关的内容被泄密，故而将你屏蔽。当然，也很有可能是因为你离职了，觉得没什么交集了，索性直接把你屏蔽了。

但是，就算领导把你屏蔽了，那也是他的权利和自由，你无权苛责。你要是也觉得没什么意思，那也可以将其屏蔽，这也是你的权利和自由。

2. 屏蔽和删除的动机、意义不同

我们也屏蔽过一些人，但并没有把这些人删除。为什么？因为以后可能还会有联系，故而保留了一个沟通的渠道。屏蔽只是不让对方看到自己的朋友圈而已，没有把沟通的通路堵死。而如果你选择了删除，那某种意义上讲，就是永远都不再联系了。如果你想好了也能做到，且不会后悔，那也无所谓，但如果没有想好，那就是考虑欠妥了。

3. 圈子很小，没有必要撕破脸面

删除对方后，以后无论是他有事主动联系你，还是你有事要联系他，都不容易实现了。反而还留了话柄给对方。领导一旦发现你将其删除了，那他的第一反应，就是觉得你不念旧情，没有感恩之

心，而且情商很低，那他也会毫不犹豫地将你的微信删除。领导不仅会把你的微信删除，而且还会把你这个人从他的心里删除。如此一来，就把一件简单的事情上升到了彼此都没有退路且异常尴尬的境地。他既然是领导，那他目前的人脉圈子一定优于你，你以后很可能与之直接或间接再次产生关联，如果对方对你有微词，有意见，那很可能带给你不好的影响和后果。

所以，在做这个决定的时候，还是应该有所考量。权衡一下利弊得失，再做出你认为正确的决定也不迟。

案例七：劝你离职的同事，为何自己不走人

其实，只要我们稍微注意一下，就会发现身边这样的同事还真不少。从我十几年前入职开始，直到今天，几乎每隔一段时间就会有同事在我耳边抱怨公司，然后还试图鼓动我离职。但是他却不肯离开。这看似奇怪，实际上也反映出了一些问题——对方只是想忽悠你离开而已，你千万别当真。对方的做法其实居心叵测，另有所图。他们一般来说出于以下三种目的。

1. 你的存在让对方觉得有威胁或者被拖了后腿

有些同事因为你的存在（你可能很优秀，也可能很差劲）而焦躁不安。如果你很优秀，你的光芒完全盖住了对方，于是对方很可能把你列为"隐患"，必须要干掉而后快。因为直接干掉你的难度太大，于是经常在你面前抱怨公司的种种不好（甚至说自己已经在看新的工作机会了），给你一种潜意识上的错误暗示，如果你意志力薄弱，那很可能中招。而如果你很差劲，拖了对方的后腿，那对方也可以故意在你面前抱怨，故意说自己要离职了，同样给你造成一种错觉——你会想，对方那么不错的人都想着要离开，我自己很一般，继续待下去也没什么前途。

2. 让公司更加珍惜他

如果同事陆陆续续地离开了，那公司一定会加大招聘力度，与此同时，也会更加在意留下来的这些员工的感受。也就是说，公司一方面会招人，另一方面会想办法留人。他的同事离开了，那他自然就是香饽饽了。

3. 造成公司管理上某种程度的慌乱，他好浑水摸鱼

有些员工总是唯恐天下不乱。在公司，他总觉得谁都欠他的。带着这样的情绪，他不会盼着公司好，而是想着公司一团糟才好。同事的离开，尤其是优秀同事的离开，某种程度上会给公司造成损

失和一定的影响，这个时候他的机会就来了，他可以利用公司的某些疏漏，给自己谋取利益。

这类人其实是没有勇气说走就走的，其实他就想一直在公司耗着。所以，我们不必在意这类人的这些言行，自己心里有数就好。

案例八：得罪了领导，该怎么办

日常工作中，难免和领导发生摩擦，此时该怎么处理呢？

1. 深刻反思，诚心致歉

如果得罪了领导，而你也已经认识到了问题（注意，是问题而不是错误。有时候，得罪了别人，不见得是自己的错）所在，你经过思考和分析，认为的确是自己错了，那么就应该做深刻的反思，然后大方地向领导致歉。如果你还没有勇气当面致歉，那可以发邮件或发微信给他。

2. 快速回应，重装出发

想到了就去行动。其实无论是得罪领导还是得罪同事，如果我们意识到自己的做法不妥，那就应该马上行动，马上补救。一定不要扭扭捏捏拖泥带水的，要尽快做出回应，让矛盾和误会不再扩散。你做了解释，做了道歉后，应该放平心态赶紧投入工作，而不是陷入各种担心和猜忌，不要把这个问题看得太重。做出成绩就是对领导最大的支持。

3. 对方不依不饶，那就赶紧走人

尽管大多数领导的心胸格局都是很大的，但也不乏一些领导，他们小肚鸡肠，睚眦必报。如果你不小心得罪了这样的人，那他一定不会给你好果子吃。多年前我就得罪过我的顶头上司，尽管他一个劲地说没事，他不会计较，但背后却给我使各种绊子，他心里巴不得我离开公司，但表面上却总是笑容满面，这样的人极其可怕也很可恶。如果遇到这样的领导，那就赶紧走人，否则你会举步维艰。

案例九：职场暗器，你中镖了吗

职场亦是江湖，所以江湖中的尔虞我诈和明争暗斗在职场里同样演绎得淋漓尽致。那些正面与你交锋的十八般兵器，你或许还可以招架，但那些诡异的暗器，你能接得住吗？我们现在就来聊一聊

那些让你听起来很舒服、很暖心、甚至很爽的职场暗语,是怎么如同暗器般让你中镖的!

1. 暗语类别一:故意附和发展同类

在公司里,你肯定有过这样那样的抱怨举动,或许是你随口一提的简单发泄,也许是你极度不爽的愤怒。这个时候,有些人会毫无原则地附和你。他不在乎你是真抱怨还是假抱怨,他也不关心到底是你的过错还是公司的问题,他只会一味地附和你,让你觉得他"够意思",跟你"一条心"。他不会客观地帮你分析问题所在,他只会添油加醋、夸大其词地顺着你的话题"火上浇油"。这个时候,很多人以为自己找到了知音,觅得了知己,以为找到了志同道合的朋友。但事实上,你已经"中镖"!因为在职场里,有不少人是那种不思进取、不求上进、得过且过、蹉跎岁月、虚度光阴之人。他们在公司里遇到一点困难、一点逆境就会出现各种不爽,要是再受点儿所谓的委屈,那就更不得了了。但尽管如此,他们也不会主动离职的,他们需要这张温床。在这种情况下,他们最愿意最擅长的,就是发展拉拢所谓的同类分子。因为在他们看来,越多人对工作、对公司、对老板产生抱怨,自己才越安全。如果你在这个时候不能调整心态、摆正位置,那么你就会被他们一点一点地潜移默化,从而失去明辨是非的能力。这样一来,你在这家公司就失去了斗志,

看不到希望，等待你的，就只能是自暴自弃。

2. 暗语类别二：主动散播，制造假象

在职场里，就算你充满正能量，你也不可避免地会遇到那些有意或无意给你传播负能量的人。这类人，除了上述所讲的情况之外，还有一种情形，就是对方视你为竞争对手，想借此瓦解你的防线，最终排除异己。说得直白点儿，就是对方故意在你面前抱怨公司，以给你造成一种这家公司不行了的错觉和假象。这类人一般是公司的中层。因为他们要么觉得你给他制造了压力，构成了威胁；要么就是他们对公司有各种不满，然后希望你逐渐对这家公司失去信心，然后离公司而去。这一点，职场的空降兵尤其要注意了，因为你的加盟，可能会对那些倚老卖老的老员工造成压力，所以他们会以一个"过来人"的身份跟你讲这家公司的这不好那不好，意图就是故布疑云，制造假象，然后让你知难而退。但很多时候，你会感激涕零地一把握住对方的手，满含热泪地说一句：谢谢啊，缘分啊！你之所以感动，是因为你觉得对方拿你当朋友，才会"冒死"跟你讲这些"秘密"。

3. 暗语类别三：当面挺你背后阴你

很多时候，我们会跟同事一起面对上司，比如，一起开会讨论工作。当我们就某些问题发表各自意见的时候，你本着客观严谨的态度表述了自己的观点和立场，这时候你的某个同事也当着上司的面力挺你。我想，这样的场景你一定不会感到陌生。但关键的问题是，那个当面力挺你的同事，在随后主动或被动与上司单独沟通的时候，可能就会阴你了。比如，上司个人觉得你的那个观点和立场不是很妥帖，然后就去征询你同事的意见，你那个原本挺你的同事，可能是为了讨好上司就会故意否定你的主张，他会说你那个观点和立场没有大局观、不科学、不严谨，等等。总之就是突然"反水"。这样一来，你反倒成了一个不会办事、不会迎合领导的人了。

综上所述，我们之所以会被这些暗语所伤，主要原因就是我们被所谓的"信任"蒙骗了。 很多时候，一个原本跟你关系并不近的人突然跟你透露了或许是关乎他本人，抑或是关乎你本人的所谓"绝密"的信息，比如对方主动跟你提及他的过往经历，什么谈过几次恋爱，什么家庭情况，甚至因为打架进过局子，等等。或者告知一个关于你的"秘密"，让你觉得对方很仗义、很靠谱。这会让你觉得自己也应该毫无保留地信任对方。

信任，是人世间最难能可贵的东西之一，双方一旦达成信任，一切问题都不是问题了。但这信任在很多时候只是假象，只不过是人家拿来忽悠你、靠近你的工具而已。不瞒各位，我曾经就被这所谓的信任伤害过。所以，职场里那些你听起来很舒服、很贴心的话语，你不要完全当真，你应该客观地去评判，不敢说要明察秋毫，起码也要稍加防备。

案例十：跟着领导一起跳槽对吗

小 A 是一名名校毕业的大学生，目前是一个已经工作了 5 年的运营经理。他换过两份工作，目前这家公司刚获得 B 轮融资（他刚入职 4 个月）。小 A 说，他在这家公司工作很开心。同事之间相处和睦，薪资待遇也高于预期，最关键的，是他的领导，也就是运营总监非常赏识他，几乎是在手把手地带着他一步一步前行（目前的运营总监就是他上一家公司的直接领导，是他带着包括小 A 在内的 5 位同事一起来到这家新公司的）。但最近发生的一件事情，让小 A 产生了诸多疑惑，他不知道自己是去还是留。小 A 说，领导带他来之后，前面一切都很顺利，但就在一个星期前，他的领导又跳槽去了一家新公司。领导走的时候，再次表示要带着包括小 A 在内的那 5 位同事一起走。这时候小 A 犹豫了，他不知道应不应该继续跟着领导走，所以他来向我咨询。

我的观点是：有时候，一些高管跳槽是为了迅速组建自己的新团队，抑或是为了向新雇主证明自己的实力，于是就喜欢拉着老部下一起跳槽。但事实上，这样做，既不道德，也不职业。同时，对那些下属而言，也是极其不负责任的。你作为领导，为了你自己的利益，你就拿追随你的下属当枪使，当炮灰，你是不是太自私了？当然，那些真心想帮助下属，想给下属更多机会的人除外。小A好不容易度过试用期，现在老领导又要跳槽，如果盲目地跟过去，可以说真的是前途未卜，所以我的建议是不要跟过去，就待在现在这家公司好好干。至于领导的邀约，用一颗感恩的心婉拒就好了。